Dialoge sind Begegnungen. In den letzten zwölf Monaten hat sich die Art der Begegnungen in unserem Alltag radikal verändert, ihre körperliche Dimension ist weggebrochen. Was bleibt, sind Stimmen.

Die Texte dieser Ausgabe spielen mit den Möglichkeiten der Mehrstimmigkeit, darunter finden sich viele dramatische Texte. Denn das Theater ist ein Ort, an dem Stimmen aufeinandertreffen, ein Ort der Begegnungen – zwischen Personen auf der Bühne und zwischen Bühne und Publikum.

Das Publikum sitzt nicht auf seinem Platz.

Texte … l
für di… r-
den, b… t
und ungenort, ohne ihren Resonanzraum unvollständig. Denn mehr noch als andere Textformen reichen dramatische Texte über das Papier hinaus, sie verlangen nach der Aufführung vor einem Publikum: Sie werden geschrieben für andere Münder, andere Körper, andere Räume. Jenseits einer kleinen Fachwelt erreichen sie in ihrer *Textform* jedoch kaum ein Publikum.

Aber in den Theatern ist es verstörend still.

Diese Ausgabe will sie zu Wort kommen lassen: die Chöre, Sonnen und Meere, die Wütenden, die liebeskranken Philosoph:innen und Autor:innen, die Lobotomierten und Unterschätzten, die Esel, die keine Metapher sein wollen, die Metzger:innen und Minensucher:innen, die Elemente, die einen Staat ausmachen, die Versehrten, die Kadaver und Karnivoren, die Autor:innen, die über Formen nachdenken, die Nachkommen, die an einem Familienmythos zu ersticken drohen – in ihrem Sprechen offenbaren sie sich und ihre Welten und verhandeln darin *alles*.

B

KATJA BRUNNER, *1991 in Zürich. Sie studierte Literarisches Schreiben am Literaturinstitut Biel und Szenisches Schreiben an der UdK Berlin. Für ihre Stücke wurde sie u. a. mit dem Mülheimer Dramatikerpreis ausgezeichnet, zum Heidelberger Stückemarkt eingeladen und von *Theater heute* zur Nachwuchsautorin des Jahres gewählt. Zudem ist sie Gastprofessorin am Deutschen Literaturinstitut Leipzig und am Bieler Literaturinstitut.

D

ÖZLEM ÖZGÜL DÜNDAR, *1983 in Solingen, lebt dort und in Leipzig. Sie performt mit ihren Kollektiven Ministerium für Mitgefühl, Kanak Attak Leipzig und kollektiv flexen und arbeitet als Übersetzerin und Autorin. 2018 erhielt sie den Kelag-Preis in Klagenfurt, das Rolf-Dieter-Brinkmann-Stipendium und es erschien ihr Gedichtband *gedanken zerren* im ELIF Verlag. Ihr Hörspiel *türken, feuer* wurde als »Hörspiel des Jahres 2020« ausgezeichnet.

G

MARIUS GOLDHORN wurde am 12.12.1991 in Koblenz geboren. 2020 erschien sein Roman *Park* (Suhrkamp) und der Gedichtband *yin* (Korbinian).

SERGEJ GÖSSNER, *1988, ist Schauspieler und Autor. Er spielte u. a. am Staatstheater Wiesbaden, am Tiroler Landestheater und zuletzt am Jungen SchauSpielHaus Hamburg. Sein Debütstück *Mongos* war 2016 für den Autorenpreis des Heidelberger Stückemarkts nominiert und wurde 2018 mit dem JugendStückePreis ausgezeichnet. Darauf folgten bisher fünf weitere Uraufführungen.

AMIR GUDARZI graduierte an der damals einzigen Theaterschule im Iran und absolvierte ein Studium in Szenischem Schreiben in Teheran. Seit 2009 lebt er unfreiwillig im Exil in Wien. Seine Theaterstücke wurden bisher in Wien, London und Jerusalem gezeigt sowie zum Theatertreffen Stückemarkt nach Berlin eingeladen. Gudarzi erhielt mehrere Auszeichnungen und zahlreiche Dramatik- und Literaturstipendien.
Er ist derzeit für den Retzhofer Dramapreis 2021 nominiert.

H

»Name, Alter, Geschlecht?«
»LEONHARD HIERONYMI, 33 Jahre, männlich.« – »Zuletzt wohnhaft in?«
»Zimmersmühlenweg 36,
61440 Oberursel.« – »Vorbestrafungen?«
»Nein, keine Vorbestrafungen.«

O/Ö

MAXI OBEXER ist Theaterautorin und Schriftstellerin. 2014 gründete sie das Neue Institut für Dramatisches Schreiben, Nids. Im Vorstand des Verband der Theaterautor:innen (VTheA).

YADE YASEMIN ÖNDER schreibt Theaterstücke und Prosa. Ihr erstes Stück *Kartonage* wurde 2017 zu den Autorentheatertagen eingeladen und am Wiener Burgtheater uraufgeführt. 2018 war sie Gewinnerin des open mike in der Kategorie Prosa, zuletzt erhielt sie das Arbeitsstipendium Literatur des Berliner Senats. 2022 erscheint ihr Debütroman bei Kiepenheuer & Witsch.

R

PASCAL RICHMANN, *1989, ist Autor der Essays *Über Deutschland, über alles* (Hanser 2017) und *Man vermisst diesen Planeten* (Spector Books 2020), der zuvor vom SWR als 5-teiliges Radiostück produziert wurde.

S

SASHA MARIANNA SALZMANN ist Roman- und Theaterautor*in, Essayist*in und Kurator*in. Sie* war Mitbegründer*in des Kultur- und Gesellschaftsmagazins *freitext* und Leiter*in des STUDIO Я am Maxim Gorki Theater Berlin. Ihre* Theaterarbeiten sind in über 20 Sprachen übersetzt und wurden u. a. mit dem Kunstpreis Darstellende Kunst der Akademie der Künste 2020 geehrt. Salzmanns mehrfach ausgezeichnetes Romandebüt *Außer sich* stand auf der Shortlist des Deutschen Buchpreises 2017 und erscheint in 16 Sprachen.

VERENA SCHESTAK, *1980 in Berlin. Studium der Literatur- und Übersetzungswissenschaften an der Universität Stockholm. Seit Herbst 2014 wohnhaft in Paris. Veröffentlichungen von Lyrik und Prosa in Literaturzeitschriften wie *KRACHKULTUR*, *Syltse* und *außer.dem.*

MAGDALENA SCHREFEL schreibt Theaterstücke, Erzählungen und Hörspiele. Ihr Stück *Ein Berg, viele* wurde mit dem Kleist-Förderpreis für junge Dramatik 2020 ausgezeichnet und am Schauspiel Leipzig uraufgeführt; in einer Hörspielfassung wurde es vom BR/ORF koproduziert und zum Hörspiel des Monats Oktober 2020 gewählt.

PIERRE STOLTENFELDT wurde 1982 auf einem Rummel gezeugt. Er lebt in einer der Städte, die sich um den Titel der kleinsten Großstadt Deutschlands streiten. Hier lernt, lehrt und lärmt er.

ULRIKE SYHA ist Theaterautorin und -übersetzerin, hin und wieder Dramaturgin. Im Vorstand des Verband der Theaterautor:innen (VTheA).

SONJA SZILLINSKY hat Deutsche Philologie und Theaterwissenschaft in Berlin und Stockholm studiert und arbeitet als Dramaturgin am Theater.

T

PETER THIERS, *1991, studierte Dramaturgie in Leipzig und Hamburg. Er schreibt Dramatik und Prosa. Für sein Theaterstück *Warten auf Sturm* erhielt er 2019 den Kleist-Förderpreis für junge Dramatik.

Z

LARA ZALP, *1980, studierte in Zürich und Rotterdam Materialwissenschaften. Ihre Lyrik und Prosa wurde in diversen Literaturzeitschriften veröffentlicht, u. a. in *Segway, Baby*. 2012 erschien ihr Gedichtband *Hier mit Helga* (Verlagshaus Medusa).

HANNAH ZUFALL, *1987, schreibt für Theater, Oper und Film. Nach Arbeiten u. a. am Deutschen Theater Göttingen, der Philharmonie Jena, der Kammerphilharmonie Bremen und dem Zimmertheater Tübingen folgen demnächst Uraufführungen am Landestheater Schwaben, dem Theaterhaus Jena und dem Deutschen Theater Göttingen.

das fickende pärchen

DER CHOR DER PUTZFRAUEN

persephone

DAS FICKENDE PÄRCHEN

[Auszug aus:
Die Erfindung des Mädchens]

YADE YASEMIN ÖNDER

1

<u>DER CHOR DER PUTZFRAUEN</u>
MIT EINEM WIR ZU BEGINNEN
IN DER EINSAMKEIT
FÜR DEN DRECK UND FÜR DEN STAUB
DAZWISCHEN IST JA ZWEISAMKEIT
ALSO ICH PERSÖNLICH
DAS PERSÖNLICHE INTERESSIERT UNS NICHT
ACHSO JA KLAR
flüstert ICH DENKE DA AN ADANA
UND ICH AN ANKARA
ICH DENKE GAR NICHTS AUSSER PUTZEN
UND ICH DASS ICH DIE MÄNNER HASSE
WAS HABT IHR DA GEFLÜSTERT
ACH NICHTS
DIE TÜRKEI GIBTS DOCH ÜBERHAUPT NOCH NICHT
Pause.
MIT EINEM LAPPEN WISCHEN
VOM STAUB BESCHÄFTIGT SOZUSAGEN
MIT DIESEM MOPP
AUF KEINEN FALL
DU KOMMST IN KEINE ECKE REIN
DA MUSST DU DICH SCHON BÜCKEN
ABER ES GIBT DOCH KEINE ECKEN HIER
DAS BÜCKEN KENNEN WIR NUR ZU GUT
MEIN KREUZ ZERKRACHT
MIR STEIGT DIE GALLE
MIR DER PULS
UND JETZT
WAS KOMMT
Pause.

DAS KLO VOM MENSCH BEFREIEN
ABER ES GIBT DOCH GAR KEIN KLO
Pause.
DABEI DIE OUD IN UNSREN OHREN
ICH DENKE AN DEN TEIG
DEN WIR PAPIERDÜNN ROLLEN
UND ICH DIE PETERSILIE HACKE
ZERBRÖSELE ICH DEN KÄSE LEISE
FÜR MEINE LIEBSTE LIEBLINGSSPEISE
Pause.
WENN ICH AUS DEM FENSTER SCHAUE
ICH SEHE FISCHERBOOTE UND DAS MEER
ABER ES GIBT DOCH GAR KEIN FENSTER
UND DA SIND AUCH KEINE FISCHERBOOTE
UND EIN MEER SCHWAPPT DRAUSSEN AUCH NICHT RUM
WAS SOLLEN WIR DENN NUR PUTZEN
GLEICH FALLEN WIR
OHNE ARBEIT
FALLEN WIR UM

2

persephone
dann war ich also auf der wiese
links die käfer
drüben blümchen
umgeknickte wunderschöne
auch ich bin rumgekrabbelt
und habe aus versehen
ein nacktes pärchen ficken sehen
dabei aß ich ein zwei spinnchen
nur so aus zeitvertreib
und musste kichern
weil sie so auf der zunge kitzeln
dann wollte ich sie runterschlucken
nur blieb zwischen zwei zähnen ein spinnenbeinchen stecken
dann habe ich geschrien

der druck war groß
und mama wie so oft nicht da
Pause.
wer ist papa
habe ich sie mal gefragt
da hat sie nur gesagt
er ist ein ficker
dann machte sie sich schick und tschüss
ging auf die arbeit
und ich auf meine wiese
legte mich ganz sanft in sie
ins gras die ähren und überall libellen
und plötzlich spürte ich meine scham anschwellen
und dann roch es leicht nach fisch
dann probierte ich und steckte mich
ganz in sie hinein
und kurz dachte ich
ich bin ganz allein
und schaute in den himmel wolken sonne alles da
und dann kam eine feuchte schlange
glitschig war sie
viel zu groß und viel zu lange
die robbte sich in meine scham
und schwoll zu einem riesending
das klebte und bebte und lebte
Pause.
ich konnte derweil gar nichts tun
ich steckte in erregung fest
und auch in angst und panik dann
und schrie nach mama
und schloss meine augen
und wartete
bis die schlange wieder aus mir kroch und ganz verschwand
dann stand ich auf
und pflückte mama einen strauß
da tat sich die erde auf
und ich fiel in ein großes loch
und kam da nicht mehr raus

3

DER CHOR DER PUTZFRAUEN
EINE WIESE
WIR KÖNNEN DOCH KEINE WIESE PUTZEN
EINE WIESE PUTZEN
WIE SOLL DAS GEHEN
ICH HÄTTE DA JA NE IDEE
ACH JA DU ETWA
EINE IDEE
NA DANN MAL LOS
WIR SIND GESPANNT
AM LIEBSTEN HÄTT MAN EIN POPCORN IN DER PUTZFRAUHAND
SO SPANNEND IST ES
WENN DIE DÜMMSTE SPRICHT
NA DANN MAL LOS
Pause.
leise NA JA MAN KÖNNTE DAS LEBENDIGE VOM TOTEN TRENNEN
DIE TOTEN TIERE AUSSORTIEREN
DIE UMGEKNICKTEN BLÜMCHEN AUCH
UND ALLES WAS NICHT ZUM GRASHALM PASST
BEISEITE LEGEN
Lange Pause.
DAS IST JA GAR NICHT MAL SO SCHLECHT
DANN MAL LOS
IHR WARTET
WORAUF WARTET IHR

Schnell kehren alle Putzfrauen in der Wiese, heben Dinge auf, prüfen, ob die Blümchen noch leben, riechen an toten Tieren und Insekten.

DER CHOR DER PUTZFRAUEN
ICH HABE DA ETWAS GEFUNDEN
ETWAS LEBENDIGES
DAS LEBENDIGE WIRD NICHT GEPUTZT
DAS WAR DOCH KLAR

ABER ES IST EIN PÄRCHEN MENSCH
DA VORNE FICKT EIN PAAR GANZ LAUT
DAS IST NATÜRLICH UNERHÖRT
DER SEX IST JA DAS SCHMUTZIGSTE
DAS HABEN WIR ZUHAUF ERLEBT
NICHT WAHR
WOHL WAHR
Sexgeräusche.
WAS MACHEN WIR DENN JETZT MIT DENEN
NAJA ZUR WIESE GEHÖREN DIE SICHER NICHT
UND MACHEN DRECK
ALSO HERGEBRACHT UND WEGGEWISCHT

Die Putzfrauen holen das fickende Pärchen.

DER CHOR DER PUTZFRAUEN
SO IHR ZWEI
WARUM LEBT IHR DENN
WAS MACHT IHR HIER

DAS FICKENDE PÄRCHEN
so lasst uns los
wir wollen ficken

DER CHOR DER PUTZFRAUEN
IHR LEBT NUR UM DES FICKENS WILLEN

DAS FICKENDE PÄRCHEN
warum lebt ihr denn
wenn man fragen darf

DER CHOR DER PUTZFRAUEN
DAS SIEHT MAN DOCH
WIR PUTZEN
DARUM SIND WIR DA

DAS FICKENDE PÄRCHEN
wie traurig
habt ihr niemals sex
was ist denn das nur für ein life

DER CHOR DER PUTZFRAUEN
alle verdattert und verdutzt ÄH
ALSO
ICH
ALSO FRÜHER HATTE ICH MAL
FRÜHER HATTE ICH MAL SEX
ICH AUCH
ICH AUCH
RUHE
SEX IST DOCH DAS SCHLIMMSTE
ICH NUR GEGEN MEINEN WILLEN
UND ICH AUCH FÜR DAS KLEINE GELD
ICH MOCHTE DAS
ICH AUCH
WENN DER SCHWEISS DIE KÖRPER ÖLT
UND ICH WENN WIR NOCH EINEN DRITTEN
IN DER DUSCHE
IN DEM DRECK
KEINE SORGE
DAS HAB ICH DANACH WEGGEWISCHT

DAS FICKENDE PÄRCHEN
ähm tschuldigung

DER CHOR DER PUTZFRAUEN
AM SCHÖNSTEN WAR ES MORGENS
WENN DIE ZÄHNE KAUM GEPUTZT
IGITT DAS MOCHTEST DU
ICH MOCHTE GERN GESCHLAGEN WERDEN
UND MIR STAND DAS DEVOTE GUT
ICH MOCHTE ES NUR IHM BESORGEN
MEIN HÖHEPUNKT WAR WENN ER KAM
ICH HATTE ES MAL MIT DEM SCHÖNSTEN
MIT ADONIS ODER WAS
GENAU ABER LEISE DAS DARF KEINER WISSEN
WEIL DER JA AUCH KEIN MENSCH NICHT WAR

DAS FICKENDE PÄRCHEN
tschuldigung

DER CHOR DER PUTZFRAUEN
WAS

DAS FICKENDE PÄRCHEN
wir würden gerne weiterficken
können wir wieder gehen

DER CHOR DER PUTZFRAUEN
WIE LANGE FICKT IHR DENN SCHON RUM

DAS FICKENDE PÄRCHEN
schon immer

DER CHOR DER PUTZFRAUEN
AHA
SCHON IMMER
BEACHTLICH
DAS IST WIRKLICH LANG
EIN MANN MIT KRAFT SCHEINT ER ZU SEIN
UND WAS IST MIT DEM SAMENGUSS
DER MACHT JA DRECK UND GANZ BENOMMEN

DAS FICKENDE PÄRCHEN
es geht uns gar nicht um das kommen
wir wollen einfach ficken

DER CHOR DER PUTZFRAUEN
DAS SCHEINT UNS EHRLICH UND SEHR FEIN
UND AUCH NICHT GROB JA FAST SCHON REIN
ODER WAS SAGT UNS DIE ANFÜHRERIN
Pause.
ICH SAGE NEIN
ES IST JETZT SCHLUSS DAMIT
WIR MÜSSEN ENDLICH ORDNUNG SCHAFFEN

DAS FICKENDE PÄRCHEN
wir machen doch aber eine unordnung nicht
wir verstecken uns auch
sind ganz leise
kommt lasst uns wieder ficken ja

DER CHOR DER PUTZFRAUEN

NEIN ES IST DAMIT JETZT SCHLUSS
IHR KOMMT JETZT AUF DEN HAUFEN DRAUF
DER UNBRAUCHBAR UND DRECKIG IST

DAS FICKENDE PÄRCHEN

das ist unfair
warum darf dann das mädchen einfach rumsitzen
mit ihren schmutzigen gedanken

DER CHOR DER PUTZFRAUEN

DAS STIMMT
GEDANKEN KÖNNEN AUCH GANZ SCHMUTZIG SEIN
WAS FÜR EIN MÄDCHEN ÜBERHAUPT
ICH HABE KEINS GESEHEN
ICH AUCH NICHT
WIR HABEN ALLE KEINS GESEHEN

DAS FICKENDE PÄRCHEN

das saß die ganze zeit da drüben
und hat mit sich selbst geredet

DER CHOR DER PUTZFRAUEN

WIDERLICH
DAS IST JA PSYCHISCH INSTABIL
DAS IST AUCH DRECKIG
ODER WAS MEINT IHR
DAS PASST ZUMINDEST NICHT ZUR WIESE
IN EINER WIESE SPRICHT MAN NICHT
SCHON GAR NICHT MIT SICH SELBST
WO IST ES HIN
WIR MÜSSEN SUCHEN
UND IHR ZWEI
STOPP
IHR HÖRT SOFORT ZU FICKEN AUF
SETZT EUCH AUF DIESEN HAUFEN DRAUF
UND FASST EUCH NICHT MEHR AN
WIR SUCHEN IN DER WIESE
GRASHALM FROSCH UND EINE SCHLANGE
BLÜMCHEN KLEINE KURZE LANGE
UND DA DIE GELBEN

ACH DIE SIND SCHÖN
MOMENT DA HABT IHR DAS GESEHN
DA IST EIN LOCH
EIN DRECKIGES
JA SEHR SEHR DRECKIG
WUNDERBAR
DANN KÖNNEN WIR DORT WEITERPUTZEN
ABER
WAS
DANN FALLEN WIR JA IN DAS LOCH
DAS IST DAS BESTE DOCH
DANN KOMMEN WIR IN JEDE ECKE
DANN HABEN WIR ENDLICH EINE
ALSO WIR NEHMEN JETZT DEN DRECK DER WIESE
AUCH DAS PÄRCHEN DAS JETZT NICHT MEHR FICKT
IHR HÜPFT ZUERST INS TIEFE LOCH
NA LOS

DAS FICKENDE PÄRCHEN
wir wollen aber in kein loch
wir wollen f-

DER CHOR DER PUTZFRAUEN
NA LOS
NA LOS
Ziehen an dem Pärchen und stupsen es runter.
Sie fallen schreiend in das Loch.
UND JETZT WIR
WIR HALTEN UNS DIE HÄNDE
DIE VON DER REINIGUNG ZERSCHLISSENEN
UND SPRINGEN
EINS ZWEI HOPP

D: Jetzt sag halt.

C: Was denn?

B: Wie's war?

C: Wie was war?

D: Alter.

A: So anstrengend.

C: Hab halt keinen Bock, dass das jemand mitkriegt.

D: Als ob.

B: Wer denn?

A: Ist ja keiner hier.

D: Und wir reden nicht.

B: Jetzt sag halt.

C: —

D: Du bist der einzige von uns, der das schon —

C: War gut.

A: Gut?

C: Ja, gut.

D: Wie gut?

C: Gut halt.

A: So gut wie alle immer sagen?

D: So gut wie Paul aus der C behauptet?

ESLUST

C: Es war gut. Anders, als wenn man's selber macht.

D: Okay.

B: Klingt nicht gerade begeistert.

C: War halt anders.
Und mein Vater sagt, ich soll nicht drüber reden.

Pause.

C: Und beim ersten Mal ist das wohl auch manchmal so. Bisschen enttäuschend. Weil die Erwartungen so groß sind und so.

A: Ich dachte, gerade das erste Mal ist der Hammer.

B: Ja. Sowas wie ... 'ne Offenbarung oder so.

C: Ja, aber genau deshalb kann's ja nur enttäuschen. Eigentlich.

D: Und deine Schwester? Wie war's für die?

C: Weiß ich nicht.
Wir haben danach nicht drüber geredet. Mein Vater wollte uns halt zeigen wie das früher war.

A: Okay.

C: Und jetzt haben wir's gemacht.

B: Na toll. In die Schweiz fahren, arschviel Geld ausgeben und dann sowas.

D: Warum eigentlich in die Schweiz?

B: Weil's da legal ist. Gehört nicht zur EU.

D: Ach so. Ja, weiß ich ja.

A: Dann doch lieber selber machen.

B: Was war denn anders als »selber machen«?

C: Da war Blut.

A/B/D: Blut?

C: Ja, das ist normal. Oder: kommt vor. Mein Vater wollte das sogar so. »Extra blutig«, hat er gesagt.

B: Mir ist schlecht.

C: Es war – es hatte Fasern, Struktur. Wenn man das zu Hause aus dem Meatmaker holt, dann ist das halt eher fein. Einzelne Zellhäufchen, die da so wachsen.

A: Ja, naja, kommt auf den Meatmaker an. Wir haben den ganz neuen. Meatmaker Meatlove 3000.

D: Der ist doch mega teuer.

A: Meine Oma findet, dass das Hack, das der produziert, echtem Hack schon ziemlich nah kommt.

C: Das ist trotzdem ganz anders. Bei echtem Fleisch merkt man, dass es mal am Stück war. Dass da Knochen waren, Sehnen und so.

D: Krass.

C: Ich fand das komisch. Irgendwie unangenehm.

A: Okay.

C: In meinem Fleisch war sogar Knorpel.

D: Alter.

C: So ein Stück. Und meine Schwester hatte auf ihrem Hähnchen-Dings-Filet 'ne kleine Ader

A: Okay. Wow.

B: Das reicht.

Das Spinnennetz zu zeigen, an dessen Faden wir hängen

Ein Gespräch mit der Theatermacher:in und Autor:in Sasha Marianna Salzmann

M: metamorphosen
Sasha Marianna Salzmann

M: In dieser Ausgabe der metamorphosen versammeln wir dialogische Textformen, der Bezug zur Dramatik liegt daher recht nahe. Eine alte Faustregel besagt, dass dramatische Texte nicht ohne Konflikte auskommen: In ausgewogenen Dialogen sind nicht alle Sprechenden einer Meinung, sie verhandeln ihre Diskrepanzen. Ist die Dramatik die kontroverseste der literarischen Gattungen, da sie den Widerspruch herausfordert und ist sie damit auch die politischste?

Ich würde das Pferd von hinten aufzäumen: Das Theater ist die politischste aller Formen, aber nicht wegen Dialogen. Ich glaube, es ist ein Missverständnis, dass nur im Theater Konflikte die Grundlage und das Beschleunigungselement sind, das gibt es auch in Lyrik, selbstverständlich auch in Prosa und in diversen Zwischenformen. Was aber klar ist: Das Theater ist durch die Form die politischste, denn die Polis muss anwesend sein. Wenn wir über Politik reden, reden wir erst einmal über Öffentlichkeit. Ein Zwiegespräch kann politisch sein, aber das ist noch keine Öffentlichkeit. Theater gibt es nicht ohne Öffentlichkeit, das erleben wir in diesen Covid-Zeiten gerade sehr schmerzhaft.

Das, was mich am Theater am meisten interessiert, ist das soziale Gefüge und dass man auch als Schreibende:r immer nur ein Teil der Geschichte ist, genauso wie die Schauspieler:innen und das Publikum nur ein Teil der Geschichte sind. Es steht außer Frage, dass das Theater ein politischer Raum ist, selbst wenn das Stück daherkommt wie eine entpolitisierte Liebeskomödie. Allein das ist schon ein Politikum: dass wir dafür Geld nehmen, dass wir mit Plakaten das Stadtbild prägen. Wir plakatieren ja die Stadt zu mit unseren Namen, mit unseren Geschichten, im Grunde genommen mit unserem Bild von der Welt.

Deswegen: Ja, Theater ist politisch, das hat aber überhaupt nichts mit Dialogen zu tun. Dialoge sind eigentlich der kleinste Aspekt an Dramatik, mittlerweile fast gar kein Aspekt mehr: Theater ist Konflikt, aber Theater ist nicht Dialog.

M: Das hängt ja auch davon ab, wie der Begriff *Dialog* gefasst wird, also beispielsweise formal eng als klassische Wechselrede oder ob damit die Qualität der Interaktion eines Textes gemeint ist: eine immanente Dialogizität, die nicht nur den Bühnenraum betrifft. Findet in neuen Theatertexten eine verstärkte Öffnung hinsichtlich der Adressierung eines Gegenübers statt?

Ich glaube, das war immer so, aber es fällt uns jetzt mehr auf, weil die Fragen andere sind und die anwesende Polis sich verändert. Deswegen fällt uns auf, dass das Publikum anders gefragt und anders herausgefordert wird.

Wenn wir die griechische Tragödie anschauen: Die Schauspieler gingen hinaus auf die Bühne und sprachen direkt zum Publikum und alle wussten, dass jetzt die aktuellen Themen des Landes oder der Ortschaft verhandelt werden. Und dann gab es an diversen Enden dieser Welt unterschiedliche Entwicklungen, je nachdem, was politisch und historisch möglich und auch notwendig war.

Die Mittel des Theaters haben immer in Resonanz mit der Außenwelt funktioniert und sie haben immer nach einem Echo gefragt.

Das Theater ist in ständiger Reibung mit einem Außen, Theater funktioniert nicht, wenn es sich anbiedert. Interessant ist doch, wer woran Anstoß nimmt und da sind wir jetzt gerade an einem Wendepunkt.

M: Wie würdest du diesen Wendepunkt beschreiben und lässt er sich an den Spielplänen der deutschsprachigen Theater der letzten Jahre ablesen?

Wir sind gerade in einer großen Umwälzung. Das ist etwas, das mir tatsächlich Hoffnung macht – Corona hin oder her – diese Entwicklung ist nicht mehr aufzuhalten: Das 21. Jahrhundert ist auch im Theater angekommen. Und damit meine ich das Bewusstsein dafür, dass die Unterdrückung der marginalisierten Stimmen nicht dazu geführt hat, dass es sie nicht gibt und dass sie keine Kunst machen. Mittlerweile ist das Maxim Gorki Theater nicht mehr das einzige Theater mit postmigrantischen Stimmen. Als ich angefangen habe – ich habe von 2008 bis 2012 an der UdK Berlin studiert –, bildeten migrantische Stimmen auf deutschsprachigen Bühnen eine überschaubare kleine Gruppe, was einfach haarsträubend ist, wenn man sich anguckt, wie viele (post-)migrantische Stimmen es bis dahin schon gegeben hat und wie viel sie produziert haben. Man kann also nicht davon reden, dass sie sich bis dahin nicht entwickelt hätten, man hat sie einfach nicht rangelassen: Generationen von Leuten, die an die Schauspielschulen wollten, wurden zum Beispiel wegen ihrer Hautfarbe abgewiesen. Das wissen wir nun und allein die Tatsache, dass wir es wissen, bedeutet, dass sich etwas ändert. Rassismus ist nicht vorbei, die Strukturen sind immer noch gewaltvoll, aber es macht sehr viel Hoffnung, sich anzuschauen, wie postmigrantische und PoC-Stimmen sich die Sichtbarkeit in der Kunst erobern, indem sie beharrlich weitermachen.

M: Ja, diese Entwicklung ist an den Theatern sehr präsent und bestimmt die Diskurse. Wie wird sich das Theater in den nächsten Jahrzehnten weiterentwickeln? Über dein eigenes Schreiben sagst du, dass es immer zukunftsgerichtet ist – hast du eine Vorstellung davon, wie sich das Theater verändern wird?

Ich bin sehr vorsichtig mit Zukunftsvorstellungen, weil ich glaube, es ist nicht mein Job. Journalist:innen fragen mich oft nach dem Fehlen von Utopien in meiner Arbeit und ich habe den Eindruck, dahinter verbirgt sich ein versteckter Vorwurf: Warum vergrößern Dramatiker:innen immer nur die traurigen Schattierungen unseres Lebens, warum zeigen sie nicht auch mal was Schönes? Aber das ist nicht unsere Aufgabe. **Kunst machen heißt Wunden zeigen.** Als eine in der Sowjetunion sozialisierte Person weiß ich, was es heißt, wenn die Kunst damit beauftragt wird, eine bessere

Version der Welt darzustellen. Damit fängt die Hölle erst an. Aber zum Theater als Institution: **Ich bin davon überzeugt, dass es das Theater immer geben wird. Es ist die älteste Kunstform und dafür gibt es einen Grund – nicht, weil wir die Besten sind, sondern weil wir nur im Livemoment zu haben sind.** Das lässt sich nicht ersetzen, auch nicht über einen digitalen Kanal. Solange es Menschen geben wird, wird es Theater geben. Vielleicht werden wir nicht die Tore öffnen, der rote Vorhang wird nicht auf- und zugehen, vielleicht werden wir kein Geld dafür verlangen können, aber der Ursprung des Theaters ist: eine Gruppe von Menschen trifft sich und erzählt eine Geschichte. Und das wird nicht vergehen.

M: Du schreibst nicht nur für das Theater, sondern seit einiger Zeit auch Prosa – im Herbst erscheint dein zweiter Roman. Welchen Stellenwert nehmen dialogische Formen in deiner Prosa ein?

Die sind da. *(lacht)* Dialoge haben keine Sonderstellung in meinen Texten. Ich weiß, dass es diese Erwartung an meine Prosa gibt. Ich erinnere mich, dass ich einmal angekündigt wurde mit: *Und Dialoge spielen in Sashas Romanen keine primäre Rolle.* Da habe ich verstanden, dass die Leute das erwarten, weil ich vom Theater komme. Aber wirklich, ich muss es nochmal sagen: Seit wann haben Theaterstücke etwas mit Dialogen zu tun? Ich glaube, das ist eine veraltete Vorstellung davon, wie dramatische Texte funktionieren. Das, was ich vielleicht sagen kann, ist, dass ich Dialoge schon konnte und alles andere erst erlernen musste. Aber deswegen bin ich auch bei Prosa gelandet. Weil ich lernen wollte. Weil ich Dinge erschließen wollte, die ich nicht kann und die mir Angst bereiten.

M: Ich habe auch deshalb gefragt, weil mir umgekehrt auffällt, dass in deinen Stücken häufig Erzählungen einen Platz erhalten: Die Sprechenden geben Anekdoten, Witze und Überliefertes wieder. Was trägt eine Geschichte zu einem Gespräch bei?

Sie trägt die Welt hinein, in ein Gespräch zwischen zwei oder drei Individuen. Das ist doch die Schönheit von Kunst, die Welt abzubilden aus einer enorm subjektiven Perspektive. Sagen wir, es ist ein Dialog zwischen zwei – wie stelle ich die Welt dar, die draußen existiert? Wie kann man zeigen, dass es mehr gibt, als einen selbst? Dadurch, dass man sagt, *ich habe mal gehört, dass* oder *meine Mutter hat mir diesen Witz erzählt.* Ich bin ein bisschen besessen davon, das Spinnennetz hinter uns zu zeigen, an dessen Faden wir hängen und ich finde, das geht durch diese Überlieferungen am besten.

M: Ist das auch eine Möglichkeit, Antworten zu finden in der Geschichte? Wir leben ja in einer Zeit, in der schon sehr viel vor uns passiert ist – gibt es richtig *neue* Konflikte zwischen Menschen, oder sind all die Streitfragen der Gegenwart nur Abwandlungen dessen, was viele Generationen in anderer Form vor uns verhandelt haben?

Wenn man als Autor:in die *Orestie* liest, könnte man eigentlich beschämt den Stift ablegen und sagen: *Okay, es ist alles gemacht worden.* Vor allem was Textformen angeht, war bei Aischylos schon alles vorhanden. Ich glaube aber, es ist falsch, etwas neu erfinden zu wollen. Die Art und Weise, *wie* wir Dinge verhandeln, ist neu. Und die wird wahrscheinlich alle paar Generationen immer wieder neu sein, weil die Welt sich verändert.

Die Reaktionen auf bestimmte Entwicklungen bleiben gleich: Die Pandemie ist kein neues Thema. Und unser Umgang mit ihr leider auch nicht. Fragen nach Gleichberechtigung im Theater sind kein neues Phänomen, Queerness auf der Bühne ist nicht neu. Es ärgert mich sehr, wenn Leute aus meinen Theaterstücken kommen und sagen: *Endlich mal ein queeres Stück!* Es ist ignorant, Shakespeares Stücke als heterosexuell zu lesen, um ein Beispiel zu nennen. Ich habe unter anderem Shakespeare und Ovid bearbeitet, um auf Kontinuitäten hinzuweisen: In der gesamten Menschheitsgeschichte hat es queere Menschen gegeben. Das, was an Wissen verschwindet, wird zerstört durch gewaltvolle Strukturen. Das führt dazu, dass jede Generation sich das Wissen wieder neu erschließen muss und bestimmt gibt es Momente, in denen man denkt, man sei ein:e Pionier:in. Dem ist nicht so. Wir schreiben uns in eine lange Kette von Kämpfen ein. Natürlich lässt die Digitalisierung die Welt in einem neuen Licht dastehen, aber die Welt ist nicht neu, sie sieht nur anders aus. Eine der Aufgaben für Schreibende könnte sein, darauf hinzuweisen, dass die geführte Auseinandersetzung alt ist. Es stärkt zu sagen: Hinter mir steht eine Armee von Ahnen.

M: Was ist vor diesem Hintergrund der Antrieb für dich, zu schreiben? Gibt es einen Raum, eine Lücke, in die du hineinschreibst? Etwas, von dem du den Eindruck hast: Das ist eben noch nicht gesagt, oder noch nicht auf diese Weise?

In dem Jahrzehnt, in dem ich den Theatermarkt betrat, reagierte der Markt so, als hätte er noch nie eine jüdische, queere, migrantische Stimme auf deutschen Bühnen gehabt. Das halte ich übrigens für ein Gerücht. *(lacht)* Aber so war die Reaktion auf meine Texte. Wenn ich je behauptet habe, eine Lücke zu füllen, dann war das programmatisch. Ich habe nicht geschrieben, weil ich dachte, das ist politisch notwendig, ich habe geschrieben, weil ich gar keine andere Option habe. Ich würde schreiben, egal, was ich wäre. Aber das Schreiben geht durch diesen Körper, der ich bin, und das, was ich bin, füllt anscheinend automatisch Lücken. Aber das ist nicht der Grund für mein Schreiben. Ich will auch nicht sagen, dass alle marginalisierten Leute schreiben sollten und alle, die im Dominanzzentrum stehen, damit aufhören sollten. Das kann nicht die Herangehensweise an Kunst sein.

Ich glaube aber, dass ich von anderen Autor:innen, die wirklich fundamentale Veränderungen eingeleitet haben, gelernt habe, wie man so etwas machen kann. Und damit meine ich Autor:innen wie Tony Kushner, James Baldwin oder Caryl Churchill: Sie wollten etwas für sich herausfinden, was ihre sehr spezielle Fragestellung war und weil es sie so umgetrieben hat und weil Kunst immer etwas mit Wundsein zu tun hat, sind ihre Texte so dringlich, dass man sich dem nicht entziehen kann. Wenn dann noch ganz viele andere Faktoren stimmen, kann es sein, dass eine Veränderung angestoßen wird.

Wenn Theater Stückaufträge erteilen, vergeben sie oft Themen. Ich finde das peinlich. Dramatiker:innen sind keine Jukebox, bei der man den Knopf *Solidarität* oder *Identität* drückt und dann singen sie dir schon das richtige Lied. Schreiben funktioniert nicht über Themen und ich als Schreibende:r gehe nicht sichtbare Lücken durch, sondern reagiere auf persönliche Fragestellungen, einen persönlichen Schmerz.

Ich habe natürlich trotzdem dringende Fragen an die Gesellschaft und wenn ich es schaffe, sie gut zu formulieren, wird die Gesellschaft antworten. Ich wünsche mir übrigens, dass wir alle nur Lückenfüller:innen sind in dem Sinne, dass wir alle nur unsere sehr speziellen Fragen verhandeln, und nicht versuchen, eine allgemeingültige Antwort auf etwas zu finden, was es nicht geben kann.

M: Wenn sich eine Fragestellung manifestiert hat – an welchem Punkt im Schreibprozess entscheidet sich bei dir die Form? Wann weißt du, ob ein Text Prosa oder Dramatik wird?

Sehr schnell tatsächlich. Bei dem, was mein erster Roman wurde, *Außer sich,* dachte ich anfangs, dass ich ein Theaterstück schreibe, aber der Stoff hat das nicht hergegeben. Er brauchte eine andere Form, das war früh klar. Inzwischen schreibe ich aber nicht mehr einfach so Theaterstücke. Das habe ich zehn Jahre lang gemacht. Ich habe mich hingesetzt: Person A sagt, Person B sagt, der Baum sagt, der Hund sagt. Das mache ich nicht mehr, weil ich mittlerweile mit bestimmten Theatermacher:innen zusammenarbeite. Das ist eine viel konzeptionellere Arbeit. Ich bin großer Fan davon, zu wissen, für welche Körper man für die Bühne schreibt – nicht nur, um bösen Überraschungen vorzubeugen, die kann es immer noch geben –, sondern weil wir den Körpern auf der Bühne verpflichtet sind. Das ist vielleicht eine der wichtigsten Lektionen für mich: Prosa schreiben ist Arbeiten mit Worten, Dramatik schreiben ist Arbeiten mit Körpern. Das ist eine ganz andere Verantwortung: Es ist nicht egal, ob du ein Komma setzt, oder einen Absatz machst, weil nicht du die:derjenige sein wirst, die:der diesen Text spricht. Jedes Wort geht durch den Körper des:der Schauspieler:in und ich finde, das verpflichtet und deswegen muss man sich relativ früh festlegen, wie man kommunizieren möchte und warum.

M: Du beschreibst deine Arbeit am Theatertext als einen nahezu kollektiven Vorgang. Die Möglichkeit, das jeweilige Inszenierungsteam zu kennen, ist ein Privileg. Es gibt auch andere Prozesse: Viele Theaterautor:innen schreiben einen Text ohne eine Uraufführung in Aussicht zu haben und danach liegt das Stück bei einem Verlag, bis sich jemand dafür interessiert. Im Probenprozess geht der Text dann durch andere Köpfe und Körper hindurch, es wird ihm auch einiges hinzugefügt. Du hast früher auch diese Art von Erfahrung gemacht: Wie schwer ist es dir gefallen, einen Text – sosehr man ihn für die Bühne denkt – zu überreichen und damit die Kontrolle darüber abzugeben, was am Ende auf der Bühne zu sehen und zu hören sein wird?

Der Weg eine:r jeden Dramatiker:in ist gepflastert mit bösen Überraschungen. Ich habe sehr schnell verstanden, dass ich den Text abgeben muss, sonst muss ich aus diesem Betrieb aussteigen. Ich gehöre zu denjenigen, die sagen: Autor:innen haben auf Probebühnen nichts verloren. Es sei denn, sie sind ein fester Bestandteil des Teams, bei einer Stückentwicklung zum Beispiel. Aber wenn sie einen Text geschrieben haben und ihn mir als Regisseur:in in die Hände geben, müssen sie den Raum verlassen. Ich selber habe zumindest den Raum als Autor:in immer verlassen. Für mich war es einfacher, nicht bei den Proben dabei zu sein, weil der Text zu etwas anderem wird. Der Text, den ich geschrieben habe, ist die Vorstufe zu dem, was auf der Bühne passiert und das muss man aushalten können. Das ist eine Zumutung, aber man muss sie akzeptieren. Wir leben eben nicht in einer Zeit, in der Autor:innen die Gött:innen des Theaters sind und dafür gibt es gute Gründe. Was ich schief finde, ist, dass wir den einen Gott durch einen anderen ersetzt haben, nämlich den Regisseur. Aber so ist das oft: Wenn man einen Autokraten stürzt, kommt der nächste um die Ecke. Das ist wie in einem meiner Lieblingsstücke von Jewgeni Schwarz, *Der Drache*: Darin geht es um autokratische Systeme und die Idee ist, wenn du den Drachen tötest, wirst du selbst zum Drachen.

Und ja, es war eine Wohltat, einen Text von 365 Seiten zu schreiben, an dem nur *ich* rütteln darf. Das hat mich natürlich dazu bewegt, einen zweiten Roman zu schreiben, weil es unfassbar erleichternd ist, zu sagen: Wenn ich es verhauen habe, dann habe *ich* es verhauen und wenn ich etwas gut gemacht habe, dann waren es *meine* Worte und nicht: Die Schauspielerin war heute schlecht drauf oder der Regisseur hat meine Ideen nicht verstanden. Man muss von sich selbst wissen, wie man sich als Schreibende:r begreift und ich glaube, ich bin beides: Ich bin wahrscheinlich sogar mehr Theatermacher:in, als Dramatiker:in. Ich bin mehr für kollektives Arbeiten und Zusammendenken, als für die Genauigkeit des dramatischen Textes auf der Bühne. Ich habe immer zu den Regisseur:innen gesagt: *Wenn ihr irgendwas streicht, ich will's gar nicht wissen!* Du kannst mir aber glauben, dass, wenn es um Prosa geht, ich bei jedem Strichvorschlag der Lektorin sehr genau hinschaue.

M: Du bist ja auch Teil eines Think Tanks, einer Gruppe von Autor:innen, die sich bereits im Schreibprozess mit den Texten der anderen auseinandersetzt. Kannst du beschreiben, wie das vonstattengeht?

Ja, das habe ich aus der UdK mitgenommen, von Oliver Bukowski. In einer relativ frühen Phase des Textes, wenn wir das Gefühl haben, wir wollen ihn teilen oder wir haben bestimmte Fragen, die wir mit ausgewählten Leuten besprechen können, lesen wir den Text in diesem Kreis laut vor.

Das Allerwichtigste für die Besprechungen ist, dass man eine gemeinsame Sprache der Kritik hat. Das ist etwas, das mir auffällt, wenn ich heute angehende Dramatiker:innen unterrichte und merke, dass sie, die zum Teil schon mehrere Jahre Kunst studieren, nicht wissen, wie man über Kunst spricht. Aber damit steht und fällt alles. Dieses *Daumen hoch, Daumen runter* oder *der Sound ist halt so geil* und all diese oberflächlichen Beschreibungen, die einen Text nicht danach befragen, was er versucht oder in welche Richtung er sich entwickeln könnte, sind nicht produktiv. Ich denke, unser Think Tank funktioniert deshalb, weil wir schon lange miteinander köcheln und gelernt haben, wie wir uns kritisieren.

M: Ich möchte abschließend noch einmal auf den Begriff *Dialog* zurückkommen, der ja, wie du richtig festgestellt hast, ein sehr alter Begriff ist und mit viel Kritik überzogen werden kann. Er ist auch ein Begriff, der eine Mehrdeutigkeit beinhaltet. In der einen Rezeption schwingt der Bezug zur dramatischen Form mit, in der anderen hat er eine gesellschaftliche Konnotation: Als Konstituente des menschlichen Zusammenlebens. Seit einigen Jahren findet ein anderer Begriff stark Verwendung bei dem Versuch, gesellschaftliche Auseinandersetzungen zu beschreiben; der Begriff *Narrativ*. Einige beschreiben unsere Gegenwart als eine Zeit, in der das Narrativ den Dialog abgelöst hat: Statt miteinander zu sprechen und sich an verschiedenen Meinungen zu reiben, stehen sich Erzählungen gegenüber, die nahezu unvereinbar sind, da sie von unterschiedlichen Realitäten ausgehen. Stimmst du dieser Beobachtung zu und ist das etwas, das sich an Theatertexten zeigt – also beispielsweise daran, dass das, was eine tatsächliche Auseinandersetzung sein könnte, als ineinandergeschobene *Monologe* erscheint?

Sicherlich stimmt es, und das hat mit der Digitalisierung zu tun, dass wir immer mehr in *fensterlosen Monaden* sitzen. Und es wäre für Dramatiker:innen falsch, diese Lebensrealität nicht abzubilden. Formal wie inhaltlich. Es gibt diesen Ausspruch von James Baldwin: *Poets are witnesses.* Dichter:innen sind

Zeug:innen, wir müssen beschreiben, was wir sehen. In einer altmodischen Dialogform zu schreiben, wie es noch in den 70er-Jahren Usus war, wäre deswegen fahrlässig, weil es einfach nicht die Welt ist, in der wir leben – ob wir das gut finden, oder nicht.

Ich gehörte trotzdem zu denen, die am längsten noch richtig klassische Dialoge geschrieben haben, zumindest in meiner Autor:innen-Clique. Das war damals auch der Vorwurf an mein Stück *Muttersprache Mameloschn.* Die Leute waren schockiert, dass ich so klassische Dialoge schreibe, in denen die Figuren wirklich etwas miteinander verhandeln. Das sei doch nicht mehr so. Ich glaube, dass das stark vom Stoff abhängt: Ich beschreibe in diesem Stück eine Auseinandersetzung, insofern bedarf es des permanenten Streits.

Ob ein Stück aus ineinandergeschobenen Monologen besteht oder aus einer Auseinandersetzung zwischen A und B, in der das Machtzentrum der klassischen Regel folgend wechselt, gibt der Stoff vor.

Jedoch impliziert diese Beschreibung, dass man früher mit klassischem Dialog noch echte Verhandlung erreichen konnte und jetzt in Narrativen aneinander vorbeiredet, dass es früher besser um die Debattenkultur bestellt war. Aber damals hat nur eine Gruppe sprechen dürfen. Sie hat nur mit sich selbst und zu sich selbst gesprochen. Wenn du dir die *Tagesschau* von vor zwanzig Jahren anschaust, siehst du genau, wer zum Dialog befähigt war und wer nicht. Wessen Belange zählten und wessen keine Erwähnung fanden. Ich glaube, dieses Nachhängen einer Welt *von früher* kommt aus der falschen Ecke.

Das Gespräch führte Sonja Szillinsky.

Im Herbst erscheint Sasha Marianna Salzmanns zweiter Roman im Suhrkamp Verlag.

Ich liebe Dialoge, weil es mit dem Lesen schneller voran geht. Oft fehlen über 50 % der Zeile. Ich lese sehr viel. Mein Lieblingsdialog der letzten zwei Wochen:
»Ach, Marcelle, der Abend ist noch so weit ... bis dahin kann noch viel geschehen.«
»Zum Beispiel?«
»Zum Beispiel kann eine Seeschlange auftauchen.«

Quälbarer Leib. Ein Körpergesang

(Auszug)

Ich wollte diesen Körper und es interessierte mich nicht, was ich dafür tun musste.
Arnold Schwarzenegger

Der Körper wird der Scharfrichter der Seele.
Jean Paul

1. Es regnet, es regnet wirklich, es regnet Körperteile.

Es ist ein schöner Tag. Die Sonne steht in der Mitte des Himmels und scheint keinen Zentimeter schräg auf die Erde. Das Licht ist zu hell, wie die holländischen Gemälde. Zum Beispiel die von Johannes Vermeer.

Temperatur 32° C
Feuchtigkeit 78 %
Luftdruck 1037.8 hPa
Sonnenschein 350 min.
Niederschlag 0 Liter
Windrichtung Ost
Windstärke 4 km / h
Windböen 11 km / h
Maximumtemperatur 35°C
Minimumtemperatur 15°C

DIE MINENSUCHERIN
Geduld ist der Schlüssel zum Überleben, sage ich immer.

Bewegen oder nicht bewegen, das ist die Frage. Soll ich diesen Schritt wagen? Sollen wir diesen Schritt wagen?

Er, der andere Minensucher, steht vor mir. Ich sehe ihn, obwohl die Schweißtropfen in meinen Augen brennen. Ich sollte einen Schritt nach rechts und er einen Schritt nach vorne wagen. Aber wir wagen es nicht. Ich wage es nicht.

Draußen hat es 32 Grad. In meiner Ausrüstung hat es 45. Unter dem Helm dampft mein Hirn. Dampft sein Hirn. Ich entscheide, wir wagen keinen Schritt weiter. Wir kehren zurück. Wir beenden die Arbeit für heute. Obwohl wir unter Druck sind, unter Zeitdruck, unter Gelddruck, unter Temperaturdruck, drücken wir uns vor der Arbeit.

Wir können nicht im Winter arbeiten, nur im Sommer, weil sich die Minen nur bei gutem Wetter entblößen.

Ich sage nein, wir wagen es nicht. Ich bin die Chefin. Wegen der Erfahrung und der Geduld. Man muss als Minensucherin geduldig sein, aber es gibt kaum geduldige Menschen mehr.

Eine falsche Bewegung, schon wird es regnen. Ein falscher Schritt, schon wird es regnen.

Es wird regnen: Blut; es wird regnen: Körperteile.

Die neue Generation ist mit Hollywood aufgewachsen und kennt keine Geduld. Alles muss schnell gehen. Alles muss schnell sein, genauso wie die Schnitte der Filme. Deswegen bekomme ich immer wieder neue Mitarbeiter. Ich bleibe Chefin, wegen der Geduld und der Erfahrung.

Er hat es lange ausgehalten. Aber seine Zeit wird kommen, seine Zeit ist gekommen.

Heute ist er ungeduldig. Heute drückt ihn der Druck: Geld-, Zeit- und Ungeduldsdruck. Heute wagt er einen Schritt weiter.

Ich sage: Wir werden keinen Schritt mehr wagen, aber er macht einen Schritt. Dann, wie gewöhnlich, eine EXPLOSION. Gleich darauf regnet es: Es regnet Blut, es regnet Körperteile.

Finger
Augen
Ohren
Beine
Eine Zunge

Seine Nase landet auf meinem Helm. Ich werde zu einem Einhorn.

Geduld ist der Schlüssel zum Überleben, sage ich immer.

Aber alle lachen darüber. Wage ich einen Schritt oder nicht? Alle lachen darüber und immer wieder regnet es Blut. Regnet es Körperteile.

Ich war auch immer wieder ungeduldig. Aber nur ein kleines bisschen. Wenn Sie mich genau beobachten, sehen Sie, dass ich beim Gehen hinke. Das ist ein Geschenk der Russen aus Afghanistan. Ah, eigentlich wollte ich erklären, welche Minen die gefährlichsten sind. Aber das ist ziemlich langweilig.

Mein linkes Bein: Russen, Afghanistan. Mein rechter Arm: Jugoslawen, Bosnien. Mein rechtes Bein: Amerikaner, Irak. Mein linker Arm: wieder Russen, Tadschikistan. Zwei Zehen: Iraner, Irak.

Ich wäre im Gegensatz zu vielen Menschen, die Angst vor Fortschritt haben, froh, wenn meine Arbeit eines Tages von Robotern erledigt werden könnte. Aber die Roboter können das leider nicht, noch lange nicht, weil sie nur in flachem Land eingesetzt werden können. Die Minen werden verlegt, um Körper zu vernichten und man kann sie nur mit echten Körpern entschärfen. Dieser Kollege war der dritte in Afghanistan.

Es regnet immer noch. Meine Ausrüstung ist rot gefärbt. Seine Zehen fliegen umher. Ich muss die Körperteile einsammeln, bevor die Vögel sie mitnehmen. Aber die Körperteile beginnen sich unter der Erde zu verstecken. Tausende kleine Teile verstecken sich unter der Erde und gleich darauf wachsen Menschen wie Gemüse aus der Erde. Es wachsen tausende Menschen aus der Erde, die einen Fluss bilden. Zuerst einen roten und dann einen schwarzen Fluss.

5. Irgendwo in Europa bekommt der größte Baumeister den größten Auftrag seines Lebens.

Viele Politiker-innen, außen, Innen- und Außen-Politiker sitzen versammelt irgendwo im Herzen Europas, über die Ränder Europas zu entscheiden. Alle blicken sich an, alle lächeln sich an, alle halbbetrunken, aber nur einer/eine spricht:

Du musst bauen, so hoch wie du kannst, so gut wie du kannst, so fest wie du kannst. Es soll eine Festung sein, aber nicht so eine. Es soll ein Labyrinth sein, aber nicht so eines. Es soll eine Mauer sein, wie die Chinesische Mauer, aber nicht so eine. Es soll alles in sich vereinen.

Der Baumeister macht eine Miene, eine rätselhafte, aber nicht so eine. Eine, die man nie entschlüsseln kann. Er befeuchtet seine Lippen mit der Zunge und sagt:

Aber ...

Sofort starren sie ihn an, mit einem warnenden Blick.

Du bekommst so viel Geld, das du zum Zählen nicht imstande wärst. Du bekommst keinen Pool, du bekommst einen Fluss aus Geld, in dem du schwimmen kannst.

Die Augen des Baumeisters glänzen, nicht weil er an Geld denkt, nein. Weil er an die Ewigkeit denkt, in die er mit seinem Bau gelangen wird. Er wird mit seinem Bau in den Himmel emporsteigen und dort stehen für alle Ewigkeit. Sein Leib wird verschwinden, wie alle anderen Leiber, aber die Mauer wird nicht verschwinden. Die Mauer wird für immer bleiben, wie die Chinesische Mauer. Aber er muss noch sprechen:

Aber ...

Dieses Mal wird er unterbrochen, weil einer oder eine das Weinglas hoch hebt und Prost schreit.

DER CHOR DER BETRUNKENEN

Prost. Prost. Prost.

Eine Mauer wird schützen unsere Leiber vor Eindringlingen.

Eine Mauer wird abwehren die Leiber der Eindringlinge.

Eine Mauer zum Schützen und Abwehren der Leiber.

Unser Baumeister denkt sich:

Ich werde bauen, ich werde die beste Mauer der Welt bauen. Eine Mauer, die nie umgangen werden kann. Eine Mauer, die nie gestürzt werden kann. Eine Mauer, die für immer da steht. Ich werde die Menschen mit meinem Wissen erniedrigen. Die Zeitgenossen und die Zukünftigen. Sie werden nie herausfinden, wie diese Mauer gebaut wurde. Ich werde mich verewigen, obwohl mein Leib bald verschwindet.

= = = = =

Wir, Esel, Tier

Ein metafiktionales Hörspiel über Schreiben als Arbeit. Und Esel. Und mich. Die Autorin. Also auch über Autor:innenschaft. Und Gemeinschaft. Und Einsamkeit. Über Metaphern und ihr Eigenleben. Über Doppelbelastung. Und die Angst, es nicht zu schaffen. Was auch immer »es« ist. Auch darüber müsste man eigentlich ein eigenes Hörspiel machen. Über dieses »es«. Aber ein bisschen handelt auch dieses davon.

Für Sprecher:innen, O-Töne und einen Chor, der als Esel spricht.

1.

Durch eine verschlossene Zimmertür.
Gedämpftes Sprechen (Ad Lib.)

ICH — Diese Scheißarbeit, diese Scheißarbeit, immer diese Scheißarbeit, immer diese Scheiße mit der Arbeit, immer diese Scheißscheißarbeit, Scheißarbeit, Scheiß-Scheißarbeit, Scheiß—

Klopfen an der Tür.

ICH — Ja?

FREUND — Alles okay bei dir?

ICH — Ich schreibe bloß laut.

Erzählraum.

ICH — Ich habe einen Stückauftrag bekommen—

ICH — Geil!

FREUNDIN — Gratuliere, na endlich!

ICH — —den ersten in meiner bisherigen Laufbahn. Das Hörspiel soll von Arbeit handeln, vielleicht sogar meiner Arbeit, meinen Erfahrungen mit der Doppelbelastung einer Autorin, die nicht allein vom Schreiben leben kann, wie auch immer das gerechnet wird, Vorschüsse, Honorare, Tantiemen oder doch auch Stipendien—

STEUERBERATER — Also Stipendien zählen nicht.

ICH — Zählen nicht?

STEUERBERATER — Nein.

ICH Und Preise?

STEUERBERATER Verschiedentlich, aber eher selten, also meistens nicht.

ICH —Auf jeden Fall ist dieses Unvermögen, vom Schreiben auch zu leben—

ICH Davon also meine Miete zu bezahlen und meine Versicherung und meine täglichen Ausgaben, meine Theaterbesuche und meine Kinokarten und die vielen Bücher und meine gelegentlichen Einkäufe bei IKEA, mein Spotifyabonnement und private Bahnreisen nach Wien oder Düsseldorf oder Basel oder Kopenhagen—

ICH —Also das ist etwas, wofür ich mich sehr lange sehr geschämt habe. Bis ich angefangen habe, genau darüber zu schreiben. Darüber, was es heißt, wenn Schreiben Arbeit ist, von der man nicht leben kann.

Küche, früh.
Geschirrklappern.
Kaffee pfeift.
Jemand gießt Kaffee in Tassen.
Kühlschrank auf und zu.
Etc.

ICH Und ich habe mir überlegt, es soll um Esel gehen.

FREUND Um Esel?

ICH Ja, weil Esel aus meiner Sicht eine gute Metapher sind.

FREUND Für was jetzt genau?

ICH Für die Bürden der Arbeitswelt! Die Esel sollen als Chor auftreten und sie sollen Anklage erheben, darüber, dass sie jahrtausendelang die

	Entwicklung der Menschheit begleitet haben und dass man ihnen niemals dafür gedankt hat, nicht ein einziges Mal.
FREUND	Ich dachte, es sollte um dich gehen?
ICH	Auch! Aber gleichzeitig muss es ja auch um mehr als um mich gehen, daher die literarische Überhöhung.
FREUND	Kannst du heute nach der Arbeit noch schnell einkaufen gehen? Es braucht Milch, Joghurt und Blaubeeren, sonst gibt es morgen kein Frühstück.
ICH	Und du?
FREUND	Ich hab doch Sport. Ach so, und Kaffeebohnen auch.

Erzählraum.

ICH	Als ich das Haus verlasse, um zur Arbeit zu gehen, da sehe ich auf der Straße, ein paar Meter von meinem Wohnhaus entfernt, ein Auto. Das Auto ist klein und rot, ein älterer VW, und das Kennzeichen lautet: WOR-K 234. Ehrlich, ich schwöre! Arbeit, Arbeit überall, schreibe ich einer Freundin und schicke ihr ein Foto davon.

Am Telefon.

FREUNDIN	Ich bin nicht sicher, ob ich die Metapher schon verstanden habe, aber hab ich dir schon mal erzählt, dass meine Oma einen Esel hatte? Marko hieß der, eigentlich hatte sie zwei Esel hintereinander, und beide hießen Marko—
ICH	Ich hatte Hamster als Kind, die hießen immer Moritz, keine Ahnung mehr, warum oder wie viele es davon gab, lebt ja nicht lange, so ein Hamster.

FREUNDIN —Dieser letzte der beiden Markos auf jeden Fall, von dem hat sie gern erzählt, meine Oma, und als ich sie das letzte Mal besucht habe, habe ich sie dabei aufgenommen, willst du es mal hören, geht das, warte mal, einen Moment—

O-Ton, Handyaufnahme.
Übers Handy abgespielt.

OMA Eines Morgens, als es hier noch Esel gab, da hab ich es klopfen hören. Klopf, klopf, klopf. Ich gehe also hinaus und was sehe ich da – Marko, der vor dem Hintereingang des Hauses steht.

FREUNDIN War er denn nicht angebunden?

OMA Doch, doch, aber er hat sich wohl losgerissen. Ich gehe also zu ihm hin und rufe: »Marko! Marko, was machst du denn da?!« Da läuft er weg, zurück in die Scheune. Ich bin ihm nach und hab ihn wieder festgebunden. Und am nächsten Morgen hab ich ihn dann tot aufgefunden.

FREUNDIN Einfach tot?

OMA Ja. Als habe er Abschied nehmen wollen, verstehst du? Er ist sonst nie gekommen, nie.

Büro.
Innenraum.
Tippen.
Telefongespräch im Hintergrund.

ICH Während ich im Büro bin, denke ich die ganze Zeit über Esel im Allgemeinen und Marko im Speziellen nach. Ich google »Lebensdauer Esel« und finde heraus, dass ein Esel, der im selben Jahr mit mir geboren worden ist, nun schon längst tot sein müsste.

U-Bahn-Geräusche.

ICH — In der Bahn dann die plötzliche Eingebung: Genau darum geht es, der Esel ist tot. Lange lebe er!

Küche, Abend.
Kochgeräusche.
Radio im Hintergrund.

FREUND — Wer?

ICH — Der tote Esel, genau so hat sie es erzählt, und da denke ich mir: Das ist doch toll, also unglaublich passend, weil metaphorisch für den Kapitalismus.

FREUND — Was jetzt genau?

ICH — Der Esel, der tote Esel steht für den Kapitalismus, dass der sich endlich zur Ruhe legt, meine ich, dass er sterben muss, einfach weil seine Lebensdauer schon längst überschritten ist, tschüssi, finito, bye bye.

FREUND — Ich dachte, der Esel sei der geschundene Arbeiter?

ICH — Auch irgendwie, irgendwie eben beides, ohne Kapitalismus gibt es ja auch keine Arbeiterin, das ist dialektisch, das Verhältnis von Arbeiter, also Esel, und Arbeit, oder nicht?

FREUND — Also schlussendlich ist ein Esel ein Esel, finde ich.

Erzählraum.

ICH — Ich will also den Esel in den Verhältnissen finden! Nach dem Abendessen klappe ich meinen Laptop auf, ich öffne ein Textdokument. Aber wie fangen Esel zu sprechen an? Und wann? Um es mir leichter zu machen, stelle ich mir vor, was ich eben erlebt habe: Mein Freund und ich stehen in der Küche. Und dann? Schneiden wir Gemüse für Salat. Ich schreibe: »Es klingelt.« Und dann: »Erwartest du jemanden?«

Es klingelt.

FREUND Erwartest du jemanden?

ICH Vielleicht der Paketdienst?

FREUND Um diese Uhrzeit?

Erzählraum.

ICH Plötzlich klopft es an der Tür: KLOPF KLOPF KLOPF – und es ist klar, woher ich das nehme, Schreiben ist Pflücken vom Leben. Also: Klopfen an der Tür.

Klopfen an der Tür.
Mehr so ein Tappern.

FREUND Wir haben doch gar nicht—

ICH Lass mal trotzdem nachsehen.

Erzählraum.

ICH Ich öffne also die Tür und da stehen, eins, zwei, drei, vier—

An der Tür.

ICH Das sind ja Esel!

FREUND Was wollen die denn hier?!

Rhythmisches Hufgetrappel.
Die Esel stehen jetzt in der Küche.

CHOR DER ESEL
(ICH, FREUND) Ist es nicht so, dass wir Christi Geburt beiwohnten, über seiner Krippe wachten, ihn behüteten, später ihn nach Jerusalem trugen und dass auch wir ein Kreuz auf unserem Rücken tragen, als Auszeichnung seiner Dankbarkeit? Habt Ihr nicht unsere Leber verwandt, Eure Fallsüchtigen zu heilen? Habt Ihr nicht unsere Köpfe an Eure Dachfirste montiert, den Blitz, den Donner und die Wetter von Euch fernzuhalten, habt Ihr nicht unsere Hoden zu Euch genommen, um Eure Potenz zu steigern? Ist es nicht so, dass wir Kleopatra unsere Milch gaben, um in ihr zu baden, ihre Haut zu erweichen, für den Cäsar, für den Mark Anton? Kamen wir nicht mit Euch Wandernden über Ägypten nach Palästina, über Syrien nach Mesopotamien? Haben wir nicht mit Euch die Wege beschritten, im Schatten der grünen Palmen gerastet, das spärliche Wasser mit Euch geteilt, dienten wir Euch nicht, Eure geschnürten Lasten zu tragen, Eure gezimmerten Wagen zu ziehen, Eure betuchten Sänften auf uns zu nehmen? Und leisteten nicht auch wir Kriegsdienst wie der Tapferste unter Euch?! In Euren Worten aber sind wir bloß faul, sind wir störrisch und auch geil! Sagt Ihr nicht, dass man uns im Alter nicht loben soll, dass es besser sei, uns anzutreiben, denn selbst die Säcke zu tragen? Sagt Ihr etwa nicht, dem Pferde den Hafer, uns aber Stroh, und dass man uns bei den Ohren erkenne, dass man uns nur einmal aufs Eis führe, dass wer den Sack schlage, uns meine. Habt Ihr nicht davon gesprochen, dass was man uns predige, stets verloren sei, ja sprecht Ihr denn nicht unseren Namen aus, um andere Dummköpfe zu heißen, Blödsäcke, Einfaltspinsel, Trottel, Nichtsnutze, Faulsäcke, Tunichtgute, Streuner – und all das in unserem Namen?!

Erzählraum.

ICH Am nächsten Morgen am Frühstückstisch lesen mein Freund und ich also, was ich nachts geschrieben habe, es geht bloß darum zu hören, wie es klingen könnte.

In der Küche.

ICH Und, was denkst du?

FREUND Schon.

ICH Schon?

FREUND Ich kann mir vorstellen, dass es mächtig klingt, also klingen kann, als Chor, wenn nicht nur wir beide es lesen.

ICH Vielleicht ein Frauenchor, oder, oder ein Kinderchor, vielleicht ist das sogar noch besser, ja, ein gemischter Kinderchor, Mädchen und Jungen, oder Jugendliche, eine Jugendtheatergruppe oder so.

FREUND Und wie soll es heißen?

ICH Wir, Esel, Tier.

FREUND Wir, Esel, Tier, ja.

2.

Erzählraum.

ICH	Im Oktober ist es dann so weit, nachdem ich den ganzen Sommer an dem Text gefeilt habe, abends nach der Arbeit, an den Feiertagen und am Wochenende–

Am See.
Kinder, Wasser, Vögel.
Gespräche im Hintergrund.

FREUND	Kommst du mit ins Wasser?
ICH	Keine Zeit, ich mach hier noch Eseleien.
FREUND	Mach doch mal Pause.
ICH	Wusstest du, dass wenn zwei Esel sich treffen, sie sich sanft in die Nase pusten, um sich zu erkennen zu geben?
FREUND	*pustet sie an.*
ICH	Hey, was machst du denn da?!

Erzählraum.

ICH	—nachdem die Redakteurin den Text abgenommen hat—

Am Telefon.

REDAKTEURIN	Und du bist sicher, dass du selber Regie führen willst?
ICH	Ist zwingend, ja.

Erzählraum.

ICH —nachdem wir Sprecherinnen und Sprecher ausgesucht, angefragt, gebucht haben, gehe ich ins Studio. Für die Aufnahmen muss ich mir eine Woche Urlaub nehmen, mehr war nicht drin.

KOLLEGIN Schönen Urlaub dir!

ICH Ja, danke, wird auch Arbeit.

Im Kontrollraum: Ich und Frank, der Tonmeister.

ICH Sind wir so weit?

FRANK Kann losgehen, ja.

Im Aufnahmeraum: Der Chor, die Stimme von Ich nur über Zuschaltung hörbar.

ICH Und bitte.

Durch Effekt und Verfremdung klingt der Chor wie unglaublich viele, er spricht sicher, nimmt sich den Raum, an manchen Stellen holpert es aber auch noch ganz schön, manchmal treten Einzelne hervor, Duos, Trios, dann wieder alle zusammen. Ich kommentiert im Kontrollraum die Aufnahme, wiederholt Fehler, Versprecher, falsche Betonungen, im Vordergrund aber steht der Chor.

CHOR DER ESEL
(CHOR) Habt Ihr nicht die Haare unserer Schwänze an Euch gebunden, die Empfängnis zu begünstigen, habt Ihr nicht Eure Neugeborenen durch unsere dampfend geöffneten Leiber gezogen, sie zu schützen und zu weihen, und haben wir Euch nicht immer wieder unsere Körper gegeben, ohne zu klagen uns mit Euch geteilt? Ihr aber habt uns dazu gebraucht, andre zu beschämen! Habt Ihr denn nicht Eure Missetäter mit gebundenen Händen auf unseren Rücken

gesetzt, und uns so durch Eure Dörfer getrieben, uns dabei verhöhnt, verlacht und angespuckt? Habt Ihr nicht in Euren Schulen Sitzbänke nach uns benannt, auf denen die jüngsten, die kleinsten, die letzten sitzen mussten, der Strafe und dem Spott ergeben! Habt Ihr nicht neben Eure Pranger Foltergeräte gestellt, auf denen Ihr, in unserem Namen, Ehebrecherinnen misshandeltet, habt Ihr nicht unsere Schwänze vermeintlichen Hexen angebunden, uns gemeinsam mit ihnen ins Feuer gejagt, uns der Asche gleichgemacht! Habt Ihr nicht, unseren Namen als Schutzmantel tragend, Gräueltaten vollbracht, gemordet, gebrandschatzt und gefoltert? Und waren wir Euch nicht trotzdem immer gute Gefährten, waren wir Euch nicht die dienlichsten Diener, Träger, immer zur Stelle, wenn eines Eurer Automobile brach, waren wir denn nicht zu Diensten, als Ihr von Dorf zu Dorf zogt, Teppiche, Küchenwaren und Allerlei zu verkaufen. Sind wir nicht immer noch zur Stelle, wo Ihr Metall sammeln müsst, Euren Lebensunterhalt kärglich zu bestreiten, ziehen wir dort nicht Eure Wagen voll Karton, auch nachdem Ihr ihn nass gemacht habt, um etwas mehr Gewicht rauszuschlagen? Wir sind gekommen, unsere Frage ein für alle Mal zu klären! Wir sind zusammengekommen, um uns zu bestimmen, uns unabhängig von Eurer Verwendung ein Gesicht zu geben, uns eine Stimme zu verleihen!

Im Kontrollraum.

CHOR — Entschuldigung, aber das ist doch, das ist doch irgendwie nicht richtig, oder?!

Im Aufnahmeraum.

ICH — Doch nicht mitten in die Aufnahme!

Im Kontrollraum.

CHOR
(EINZELSTIMMEN) Entschuldigung / Tut mir leid /
Wirklich / Ich weiß, das ist jetzt eine Störung /
Tut mir wirklich leid / Aber das alles ist ein
bisschen / Ein bisschen / Wie soll ich sagen:
(ZUSAMMEN) Uns fehlt da etwas.

Im Aufnahmeraum.

ICH Euch fehlt da etwas! Und was jetzt genau?

Im Kontrollraum.

CHOR Ja, also ich verstehe das nicht, was das soll, was das mit Arbeit zu tun hat? Ich meine, das ist so biblisch und irgendwie altbacken, im Paradies hat doch bekanntlich niemand gearbeitet.

ICH Ich komm kurz rüber.

Im Aufnahmeraum.

CHOR Es fehlt ganz eindeutig etwas, zum Beispiel eine Stimme, die sagt: »Ist es nicht so, dass wir Euch Kinder gebaren, jedes Jahr aufs Neue, dass wir sie säugten, nährten und hegten?«

ICH Das könnten die auch noch sagen, ja klar, aber das ist mein Text, ich habe ihn so geschrieben.

CHOR Aber wir sind die Esel!

ICH Ihr seid die Esel, ja. Also ein Chor, der die Esel spricht, genau genommen.

CHOR Nein, in diesem Stück sind wir die Esel und die Frage, die wir stellen, ist doch einfach, welchen Arbeitsbegriff wir hier anlegen.

ICH	Also ich.
CHOR	Geht es hier um Industriearbeit, die Arbeit am Band, um entfremdete Arbeit, die doch längst schon abgewandert ist, oder zählen hier doch auch andere Arbeitsformen? Selbstständige Arbeit? Künstlerische Arbeit? Versorgungsarbeit? Gemeinwesenarbeit? Politische—
ICH	Worum es mir geht, ist eine Art Metapher für die gesamte Arbeitswelt zu entwerfen, also nicht auf eine spezifische Arbeitserfahrung gemünzt, sondern auf die Gesamtheit aller Arbeit, auf der ganzen Welt! Deswegen die Übertragung, eine Erzählung über Bande sozusagen.
CHOR	Aber was soll uns das denn erzählen? Was ist denn die eigentliche Frage dahinter?
ICH	Okay, dann macht einen Vorschlag.

O-Ton: Handyaufnahme.
Autos fahren vorbei, etc.

CHOR	Darf ich Ihnen kurz eine Frage stellen?
PASSANTIN	Nur zu.
CHOR	Haben Sie sich schon mal die Eselfrage gestellt?
PASSANTIN	Die Eselfrage? Das ist eine gute Frage.
CHOR	Und?
PASSANTIN	Da muss ich erst mal nachdenken, das kann ich nicht so schnell, tut mir leid, da müssen Sie vielleicht jemand anderen fragen.

Nachtschicht.

Der jüngere Löw-Bruder, ein Eber mittleren Alters, steht in einer polierten Schlachthalle von Löwenfleisch *und spannt seine Kettensäge. Vor ihm hängen fünf gebrühte Schweine an Fleischerhaken. Im Hintergrund tönt kratzige Musik aus einem alten, tragbaren Radio. Zibbe, eine junge Häsin, schleicht sich durch einen Spalt in der Tür.*

EBERHARD Das ist weit genug.

Sie erstarrt.

EBERHARD Du hast vor dreißig Metern zwei Bewegungsmelder ausgelöst, als du über den Zaun gesprungen bist. Hätte nicht gedacht, dass den jemand schafft, ohne zu klettern.

Zibbe tritt aus dem Schatten hervor. Eberhard wirft einen Blick auf ihre Löffel, die sie unter den Kopf gebunden hat.

EBERHARD Wenn du Tiere befreien willst, bist du hier falsch.

ZIBBE *(blickt auf die Fleischerhaken)* Das sehe ich. Warum sind Sie allein in dieser Halle? Ich dachte, hier gibt's ein Fließband?

EBERHARD Ich schlachte jede Woche persönlich fünf Tiere von Hand – um nicht den Kontakt zum Handwerk zu verlieren. *(Er schaltet das Radio aus.)* Warum bist du hier? Du bist nicht gekommen, um 'nen Plausch mit einem Metzger auf Nachtschicht zu halten.

Stille.

ZIBBE Sie sind Eberhard Löw. Ein Tier in *Ihrer* Position kann Entscheidungen treffen.

EBERHARD *(lacht)* Mein Bruder ist da anderer Meinung. *(Stille.)* Was willst du?

ZIBBE Haben Sie Interesse, Wildbret von mir zu kaufen?

EBERHARD Wenn du Viehzüchter vertrittst, mach' einen Termin mit meinem Sekretär.

ZIBBE Ich vertrete mich selbst.

EBERHARD Wir sind ein Großbetrieb. Wie hast'n dir das vorgestellt? Spazierst hier einfach rein und veräußerst deinen Wurf wie auf 'nem Viehmarkt?

ZIBBE Vierunddreißig. Es gibt vierunddreißig andere Familien, für die ich hier stehe. Alles Feldhasen, der älteste Wurf ist drei Wochen alt.

EBERHARD Feldhasen halten wir nicht.

ZIBBE Sie müssen die Kleinen ja nicht aufziehen. *(Stille.)* Es gibt viele, die gern Jungtiere essen.

EBERHARD Ich glaube, du solltest jetzt gehen. Sonst rufe ich das Wachpersonal.

ZIBBE Bitte, ich –, wenn es eine andere Möglichkeit gäbe, wäre ich nicht hier.

EBERHARD Wenn ihr denkt, dass *Löwenfleisch* ein Ort ist, an dem ihr mit euren schlechten Entscheidungen Geld verdienen könnt –

ZIBBE Wir wollen überleben.

EBERHARD Habt ihr keine Achtung vor eurem eigenen Fleisch und Blut?

ZIBBE Sie sind ein Eber, und Sie werden gleich diese Schweine in Hälften zerteilen.

EBERHARD Das ist etwas vollkommen anderes.

ZIBBE Weil Sie denen nie in die Augen sehen mussten?

EBERHARD Unsere Ferkel sind von Geburt an zur Schlachtung autorisiert – im Gegensatz zu dem, was du mir bringst. Genauso gut könnte ich mit dem Fleischermesser durch die Fußgängerzone – denk doch mal nach. Unsere Familie schlachtet seit drei Generationen. Das ist eine Tradition, die Tiere wie du gar nicht begreifen. Wie alt sind deine Eltern geworden? Zwei Jahre? Vier Jahre? *(Stille.)* Elf Jahre hat unsere Mutter gebraucht, um *Löwenfleisch* dahin zu führen, wo es heute steht. Elf. Das sind wie viele Generationen für dich – siebzehn, achtzehn? Wenn das mal reicht.

ZIBBE Es sind einfach so – so viele. Seit die Regierung uns dieses Jahr von der Liste der bedrohten Arten genommen hat, bekommen wir für unsere Kinder keine Unterstützungen mehr. Jahrelang hat man uns mit diesem Versprechen gelockt, und jetzt lassen sie uns einfach fallen, weil wir unseren Zweck erfüllt haben. Hasen werfen fünf bis sechs Mal im Jahr – wir können uns unsere Familien nicht mehr leisten.

EBERHARD Dann habt euch besser unter Kontrolle. Schaffen andere ja ebenfalls.

ZIBBE Ich habe auch das Gefühl, dass mein Leben einfacher wäre, wenn ich von meiner Mutter ein Fleischimperium geerbt hätte. Leider muss ich andere Möglichkeiten finden, um Geld zu verdienen. Aber vielleicht hat ihr Bruder auch recht – gut, dass er bei *Löwenfleisch* die Entscheidungen trifft. Ich hatte gehofft, dass Sie mehr sind als nur ein Schwein in der zweiten Reihe, aber anscheinend rede ich mit dem Falschen.

Zibbe geht zur Tür.

EBERHARD Die Feiertage stehen bald vor der Tür. *(Stille.)* In den letzten Jahren mussten wir uns von einigen Karnivoren in den Medien vorwerfen lassen, dass wir nicht der Nachfrage entsprechend produzieren. Vielleicht könnten wir das zusätzliche Wildbret in den Theken gebrauchen. Das dürfte diese vier Wände hier natürlich niemals verlassen. Es gibt Tiere, und es gibt *Fleisch – Löwenfleisch* verarbeitet nur eines davon. Keine Verträge.

ZIBBE Wie soll ich dann –

EBERHARD Du wirst mir einfach vertrauen – so wie du darauf vertraust, dass ich dich nicht wegen Hausfriedensbruch festnehmen lasse, sobald du diese Halle verlässt.

Stille.

ZIBBE Wird es ihnen wehtun? Den Jungen?

Eberhard greift die Betäubungszange von seiner Ablage.

EBERHARD Ich setz' ihnen die hier an die Schläfe, dann hören sie nur noch ein kurzes *Klack* und die Lichter gehen aus. Alles ganz sauber. In achtzig Prozent aller Fälle brauchen wir nur einen Stoß.

ZIBBE Achtzig Prozent?

EBERHARD Keine Sorge – ist auch in unserem Interesse, dass die ganze Sache stressfrei abläuft. *(Stille.)* Komm.

Eberhard geht mit Zibbe hinüber zu den hängenden Schweinekörpern und schlägt mit dem flachen Huf auf einen der Leiber.

EBERHARD Unsere Mutter hat früher immer mit uns zusammen die Runde gemacht. Keine Geheimnisse – wir haben alles gesehen. Na, fast alles. An die Ferkel und Schweine hat sie mich nie rangelassen. Ich hab' gedacht, sie wollt' mich beschützen. Also schlich ich mich eines Nachts in den Stall. Als die Schweine mich sahen, fingen sie an zu quieken – du machst dir keine Vorstellung. So etwas Lautes hatte ich noch nie gehört. Meine Mutter ließ mir keine Zeit, mich dran zu gewöhnen, sie packte und schlug mich windelweich. *(Stille.)* Eines hat sie nicht aus mir rausprügeln können: diesen Blick, mit dem die anderen Schweine mich ansahen, als sie merkten, dass ich Kleidung trug – und sie nicht. Die ahnten, dass ihr Schicksal ein anderes sein würde als meins. Sobald ein Tier das einmal weiß, gibt's kein Zurück mehr. Da gehen Hormone im Körper los, die kriegst du nie wieder raus. Ängstliches Fleisch – wer will sowas essen? Die Einnahmen eines ganzen Monats waren futsch. *(Stille.)* Meine Mutter hat damals täglich zwei Dutzend Schweine verarbeitet. Bei uns sind es mittlerweile über zwanzigtausend. Ein Schwein ist ein Schwein. Aber es ist eben auch einfach nur ein *Schwein*, verstehst du, was ich meine?

ZIBBE Ich werde unsere Kinder nicht belügen. Sie haben verdient –

EBERHARD – zu wissen, dass sie sterben, um eine Zwischenmahlzeit zu werden? Mach dich nicht lächerlich. Du kannst diesen Deal mit mir oder deine Moralvorstellungen behalten – beides geht leider nicht.

ZIBBE Gibt es nicht eine Möglichkeit, die Übergabe angenehmer zu gestalten?

EBERHARD Bevor ihr die Kleinen vorbeibringt, sagt ihnen, es wartet 'ne Überraschung. Sowas lieben die doch. *(Stille.)* Nimm wieder den Zaun, wenn du rausgehst, gleich kommt die Frühschicht. *(Stille.)* Ach, noch was …

ZIBBE Hm?

EBERHARD Ich bin kein Schwein in der zweiten Reihe. *(Stille.)* Wag es nicht, noch einmal meinen Bruder gegen mich auszuspielen.

Zibbe nickt. Eberhard geht hinüber zum Radio und schaltet es wieder ein. Als sie das Schlachthaus verlässt, ist das Aufheulen seiner Kettensäge zu hören.

Dänisches Sushi

(Auszug / Stück ist frei zur UA)

Hans Christian Andersen und Søren Kierkegaard lebten zeitgleich in Kopenhagen. Sie haben sich nie getroffen, was kaum zu glauben ist, denn sie hätten sich einiges zu sagen gehabt über die Eskapaden der unerwiderten Liebe.

TISCHGESPRÄCH

Der **AUTOR** *setzt sich in ein Restaurant. Am Tisch hinter ihm sitzt der* **PHILOSOPH**. *Die* **REFLEKTIERTE TRAUER** *tritt als Kellner auf und zwinkert uns zu.*

AUTOR Gibt es heute nicht fangfrischen Lachs? Zunächst aber ein Wasser bitte. Ich bin völlig ausgetrocknet. Und haben Sie Salz?

Der **AUTOR** *gießt Unmengen Salz in sein Wasserglas und kippt es runter.*

PHILOSOPH Verzeihung, der Herr –

AUTOR Richtig, ich bin es.

PHILOSOPH Was?

AUTOR Was?

PHILOSOPH Ihr Regenschirm hat sich in dem meinen verhakt.

AUTOR Mein Herr, wollen wir uns nicht einfach übersehen, wie wir es sonst zu tun pflegen?

PHILOSOPH Immer noch gekränkt durch meine einstige Besprechung?

AUTOR Entweder Sie mögen meine Sachen, oder Sie mögen sie nicht, jedenfalls kommen sie ohne Furcht und Zittern, und das ist immerhin etwas.

PHILOSOPH Darauf einen Champagner! – Bringen Sie uns eine Flasche.

TRAUER Nichts lieber als das.

PHILOSOPH Wenn ich Sie so ansehe … Es gibt ein Tier, über das ich öfters nachdenke, nämlich die Qualle. Sie kann sich derart zusammenziehen, dass man nicht begreift, wie es ihr möglich war, sich auszudehnen.

AUTOR Ich – ich – ich –

PHILOSOPH Sie haben recht: Man müsste das *Ich* dreister gebrauchen. Das Individuelle tritt heutzutage kaum noch hervor.

Der **AUTOR** *schnappt nach Luft.*

PHILOSOPH Dieser merkwürdige Drang des Menschen: Am Selbstsein zu verzweifeln, während man verzweifelt nicht man selbst sein will.

Der **AUTOR** *fällt vom Stuhl.*

PHILOSOPH Zu Hilfe!
TRAUER *schüttet dem* **AUTOR** *Wasser ins Gesicht.* Er kommt schon wieder zu sich.
PHILOSOPH Der war noch nie bei sich.
TRAUER *inspiziert den* **AUTOR**. Ach du scheiße, was ist das denn?
PHILOSOPH Das sind Schuppen.
AUTOR *japst.* Wasser! Ich brauche mehr Wasser! Ich ersticke! Bringt mich zum Meer.
PHILOSOPH Zu so etwas bin ich wahrlich nicht geeignet.

Die **TRAUER** *schiebt eine große Wanne voller Wasser herein.*

PHILOSOPH Grundgütiger.
TRAUER Da waren die Lachse drin.

Sie hieven den **AUTOR** *in die Wanne.*

PHILOSOPH *zum* **AUTOR**. Alles, was Sie haben, ist eine Schuppenflechte. Schauen Sie hingegen meinen Buckel an. Wenn sich einer über diesen durchgeschwitzten, lauwarmen Breiumschlag namens ›Leib‹ beschweren darf, dann höchstens ich. Wollen Sie nicht aus der Wanne heraus?
AUTOR Ich fühle mich hier bestens aufgehoben. Es ist doch sonst keiner zugegen?
PHILOSOPH Man verschloss diskret die Türen.
AUTOR Sie haben keinen Buckel. Sie ziehen nur die Schultern hoch. Gehen gedrungen. Sie sehen einfach wie ein Gedanke aus, der in dem Moment, wo er Gestalt annimmt, zerstreut gewesen ist.
PHILOSOPH Bemühen Sie sich nicht. Ich ermangle in jeder Hinsicht der leiblichen Bedingungen. Ich bin tief verunglückt, aber eben auch von überragender Klugheit, damit ich nicht ganz wehrlos bin.
AUTOR Bescheidenheit gehört jedenfalls nicht zu Ihren Schwächen.
PHILOSOPH Man wird den Platz draußen einst nach mir benennen.
AUTOR Spüren Sie das in Ihrem Buckel?
PHILOSOPH Rutschen Sie mir selbigen hinunter.
TRAUER Champagner. Noch etwas Salz dazu, der Herr?

AUTOR Ausgezeichnete Idee. *Er kippt sich Salz in die Wanne.* Ich mag Sie nicht.

PHILOSOPH Ich mag mich auch nicht. Ich lasse ein Handtuch und trockene Beinkleider holen.

AUTOR Warten Sie!

PHILOSOPH –

AUTOR Ist das Ihnen denn so fremd?

PHILOSOPH In einer Lachswanne mit kaltem Wasser zu sitzen?

AUTOR Dieser Zustand.

PHILOSOPH Sie sind verliebt, das ist alles.

AUTOR Unglücklich jedoch.

PHILOSOPH Wer nicht?

AUTOR Sie auch?

PHILOSOPH Ich bin allzu geistig veranlagt.

AUTOR Sie schwärmen für das Denken?

PHILOSOPH Je jungfräulicher eine geistige Aufgabe ist, je mehr man sie allein durchdringt, desto schöner. Mädchen hoffen auf den Geliebten, denn sie sind ganz Liebe und Gefühl, aber mein ganzes Leben ist Denken.

AUTOR Sie halten das Weib demnach für schwach?

PHILOSOPH Nein, die Frau ist Gott viel näher als der Mann. Das Ärgernis geht immerzu vom Mann aus. Das heißt, eine emanzipierte Frau könnte wohl auch verderblich sein.

AUTOR Mir schwindelt schon wieder. Als würde ich etwas erinnern, das ich morgen erst vergesse. Mein Gott, ich werde ernsthaft krank.

PHILOSOPH Halten Sie aus. Leiblich und seelisch ganz gesund sein und dann ein wahres Geistesleben führen wollen, das schafft eh kein Mensch. Dann geht sofort das Wohlbefinden mit einem durch.

AUTOR Das droht mir nicht.

PHILOSOPH Gut.

AUTOR Meine Haut löst sich auf!

PHILOSOPH Alles Werden ist ein Leiden.

AUTOR Ich meine das nicht metaphorisch.

PHILOSOPH Denken Sie, ich?

AUTOR Rufen Sie doch um Hilfe für mich!

PHILOSOPH Verzagen Sie nicht, es ist doch nur Ihr Kummer.

AUTOR Nur?! Er zerreißt mich förmlich.

PHILOSOPH Ein wahrlich großer Kummer also.

AUTOR Natürlich.

PHILOSOPH Fühlt er sich auch ein wenig gut an?

AUTOR Natürlich.

PHILOSOPH Und steigern Sie sich da nicht auch wenig hinein, um später besser darüber schreiben zu können?

AUTOR Womöglich.

PHILOSOPH Ist da nicht auch ein Funken Stolz, dass Sie so tief empfinden können? Ich halte Trauer für einen recht außergewöhnlichen Zustand. Sie sollten ihn fürwahr genießen.

AUTOR Ich bin ein Spezialist der Trauer.

TRAUER *kommt zurück.* Darauf gibt es Champagner auf's Haus!

PHILOSOPH *hebt sein Glas.* Nur die Trauer lieben wir, nur die Trauer suchen wir!

AUTOR Überall, wo wir ihre Spur entdecken, da gehen wir ihr nach.

PHILOSOPH Unerschrocken!

AUTOR Unerschütterlich!

PHILOSOPH Bis sie sich offenbart.

AUTOR Die Trauer schleicht gar geheimnisvoll in der Welt umher, und nur dem, der Sympathie für sie hegt, gelingt es, sie zu erahnen. Es braucht einen besonderen Blick dafür. Dieser Blick lullt in eine angenehme Mattigkeit ein, in der man eine Lust daran hat, seine Trauer zu ergießen. Eine Lust, ähnlich der, die man beim Verbluten verspürt.

PHILOSOPH Jetzt werden Sie aber arg morbide.

AUTOR Ich war dem Tod nah!

PHILOSOPH Dafür halten Sie den Champagner noch recht fest in der Hand.

AUTOR Er schmeckte mir in der Tat nie besser.

PHILOSOPH Aber?

AUTOR *verlässt die Wanne.* Jetzt muss ich gehen.

PHILOSOPH Und die Geschichte schnell aufschreiben?

AUTOR Sie verstehen das.

PHILOSOPH Zu gut. Leben Sie wohl.

AUTOR Unsere Begegnung hier –

PHILOSOPH Ist nie geschehen.

AUTOR Ich danke Ihnen.

Der **AUTOR** *eilt tropfend von dannen.*

PHILOSOPH Jetzt hat der Trottel meinen Schirm mitgenommen.

Der **PHILOSOPH** *nimmt den anderen Schirm und geht hinterher.*

GEBURT DER KLEINEN MEERJUNGFRAU

Der **AUTOR** *betritt das Dunkel seiner Kammer.*

AUTOR Sie sehnt sich. Sie sehnt sich so sehr danach, endlich an die Oberfläche schwimmen zu dürfen. Sie giert danach, das erste Mal Luft zu atmen. Aber was wird sie dort oben finden? Ein Schiff. Einen Sturm? Einen Mann. Den Tod? Wie geht sie überhaupt an Land mit diesem Fischschwanz?

Etwas macht Geräusche.

AUTOR Ist da wer?

Wieder ein Geräusch.

AUTOR Was –

Etwas Glitschiges klatscht auf.

AUTOR Was in Gottes Namen – ?!

Der **AUTOR** *nähert sich langsam dem Bad –*

Plötzlich ein Geräusch hinter ihm. Er nimmt den Schirm und schlägt zu.

PHILOSOPH *schreit.*
AUTOR Sie?
PHILOSOPH Herrgott, Andersen!
AUTOR Sich einfach so anzuschleichen!
PHILOSOPH Sie haben meinen Schirm mitgenommen.
AUTOR Schlägt sich gut damit.
PHILOSOPH Sind Sie jetzt komplett verrückt geworden?
AUTOR Da ist was im Dunkeln.
PHILOSOPH Dann machen Sie doch ein Licht an.

Er zündet eine Kerze an.

AUTOR Ich fürchte nur, das Geräusch ist in meinem Kopf! Es ist nicht real.

PHILOSOPH Ist die Imagination real oder nicht? Wo beginnt die Wirklichkeit, wo endet die Einbildung? Schafft nicht erst die Einbildung die Wirklichkeit, in der wir leben? – Ich glaube, ich habe auch etwas gehört.
AUTOR Treiben Sie keine Scherze mit einem Verrückten.
PHILOSOPH Was sollte da schon sein?
AUTOR Es bewegte sich schnell.
PHILOSOPH Wo?
AUTOR Im Bad.
PHILOSOPH Ungeziefer vielleicht?
AUTOR Ich bitte Sie.

Etwas fällt im Bad um.

PHILOSOPH Es wäre tatsächlich ein großes Tier.
AUTOR Ich sehe nach.

Ein Schatten. Die Kerze erlischt.

AUTOR Es wird uns töten.
PHILOSOPH Vielleicht hat sich eine Taube ins Haus verirrt.
AUTOR Es ist größer.
PHILOSOPH Eine Möwe?
AUTOR Es hat einen Schwanz.
PHILOSOPH Schwachsinn.

Etwas Glitschiges klatscht in der Nähe auf.

AUTOR Ich sehe nichts mehr!
PHILOSOPH *schreit auf.* Es ist hier!
AUTOR Nehmen Sie den Schirm, schnell!
PHILOSOPH Es ist bereits verschwunden.

Der PHILOSOPH *zündet die Kerze wieder an.*

PHILOSOPH Es hat sich – es fühlte sich – ich wage es kaum zu sagen, ich glaube, es war, aber ich weiß es nicht – es war wie –
AUTOR Reißen Sie sich zusammen!
PHILOSOPH Eine Brust.
AUTOR Wie bitte?
PHILOSOPH Es war eine weibliche Brust. Aber sicher bin ich mir nicht –
AUTOR Sie haben noch nie zuvor die Brust einer Frau berührt?

PHILOSOPH Das tut jetzt nichts zur Sache.
AUTOR Ich wäre vor Schreck gestorben.
PHILOSOPH Sie haben also auch noch nie –

Erneut ein Geräusch.

PHILOSOPH In Ihrem Bad hockt ein Frauenzimmer.
AUTOR Das kann nicht sein.
PHILOSOPH Sie müssen sich nicht genieren.
AUTOR Sie denken doch nicht etwa, ich hätte – so ist das nicht!
PHILOSOPH Ich dachte mir bereits, dass Sie anders disponiert sind.
AUTOR Anders disponiert? Dass Sie das zu denken wagen!

Ein Fauchen im Bad.

PHILOSOPH Sie gehen da jetzt rein und kümmern sich darum!
AUTOR Bitte gehen Sie nachsehen.
PHILOSOPH klopft an die Badezimmertür. Entschuldigen Sie, Fräulein? Kann ich Ihnen helfen? Antworten Sie mir doch. Brauchen Sie Hilfe? Ich komme jetzt herein ...

Er öffnet die Tür, schaut hinein, verriegelt dann keuchend das Bad.

AUTOR So sagen Sie doch!
PHILOSOPH Das da ist weder Mensch, noch Tier. Es ist nicht einmal eine Frau. Nicht Fisch, nicht Fleisch. Dieses Wesen ist gegen die Natur, aber dieser Leib ist so – es hat einen ganz konkreten Leib. Es dürfte nicht sein. Es bricht ein ungeschriebenes Gesetz, es widersetzt sich der Ratio.
AUTOR Wie sieht es aus?
PHILOSOPH Es hat einen großen Schwanz. Und Haare. Und Brüste.
AUTOR Oh Gott.
PHILOSOPH Das ist nicht Gottes Geschöpf da drinnen.

Heftige Schläge gegen die Tür.

PHILOSOPH Es wird uns töten! Wir müssen fort!
AUTOR Nein, warten Sie!

Die Tür springt auf. Der **AUTOR** *und der* **PHILOSOPH** *schreien.*

Nichts.

Immer noch nichts.

PHILOSOPH Gehen Sie da nicht hinein!

AUTOR *schaut nach.* Das Bad ist leer.

PHILOSOPH Was?

AUTOR Da ist niemand.

PHILOSOPH Wie ist das möglich?

Schweigen.

AUTOR Da haben Sie sich aber einen bösen Scherz mit mir erlaubt.

PHILOSOPH Sie glauben, ich hätte Ihnen einen Streich gespielt? Machen Sie sich nicht lächerlich.

AUTOR Sie sollten sich schämen.

PHILOSOPH Sie haben die Geräusche doch selbst gehört.

AUTOR Ich sagte Ihnen im Vertrauen, was ich im Kopf höre und Sie nutzen das für Ihre geschmacklosen Späße!

PHILOSOPH Dass Sie so von mir denken mögen!

AUTOR Werden Sie sich morgen wieder in einem Artikel über mich lustig machen?

PHILOSOPH Das würde ich niemals tun.

AUTOR Sie haben es schon getan.

PHILOSOPH Das war etwas ganz anderes.

AUTOR Gehen Sie.

PHILOSOPH Bei meiner Seele, ich schwöre Ihnen, dass ich kein Wort darüber verlieren werde. Ich bin so sprachlos darüber wie Sie. Sie sollten über diese Begegnung schreiben.

AUTOR Mir spukt in der Tat seit ein paar Stunden ein neues Märchen im Kopf herum.

PHILOSOPH Entweder das oder Sie schreiben einmal über sich? Das Märchen Ihres eigenen Lebens.

AUTOR Wen würde das schon interessieren?

PHILOSOPH Ganz Dänemark.

AUTOR Das behagt mir nicht.

PHILOSOPH Was fürchten Sie denn? Sie müssen ja keinen anderen Menschen, Sie müssen nur sich selbst gebären.

AUTOR Darin liegt eine Schwere, die das ganze Sein erschüttert.

PHILOSOPH Sie zittern ja – vielleicht doch lieber noch ein Glas Champagner?

AUTOR Unbedingt.

Sie gehen.

MARIUS GOLDHORN LIEBT DIALOGE

Die schönsten Dialoge sind die, in denen es um nichts geht. Die nur ein Austausch von Gefühlen sind. In letzter Zeit versuche ich kompliziertere Dialoge zu schreiben.
Ann Beattie schreibt die besten Dialoge, in denen es um nichts geht, außer den komplizierten Gefühlen der Figuren. Deswegen und aus anderen Gründen glaube ich, dass eine AI keine Romane schreiben kann.

DER PLURAL IM EINZELNEN

Ein Dialog mit ULRIKE SYHA & MAXI OBEXER

MONOLOG

U.S.

Am Anfang ist da vielleicht bloß eine einzelne Stimme.
Aber lange allein bleibt sie sicher nicht.

M.O.

Oder sie ist am Ende. Am Ende ist da bloß eine einzelne Stimme.
Ein auf sich selbst zurückgeworfenes Einzelwesen.
Ein Individuum, das nach vielen Etappen vollzogener Individuierung,
und mithilfe eines individualistischen Wirtschaftssystems,
in der Einzelhaft sich wiederfindet.
Oder auch in der eigenen Echokammer.

Ein Monolog hat grundsätzlich etwas Intimes.
Der Raum, der Gedankenraum ist begrenzt.
Wir stecken uns ein Ziel, ein Wortziel, einen Rahmen.
Den verlassen wir dann nicht mehr.

Der Monolog ist die Rede der Einzelnen, im Raum des vereinzelten Daseins. Meist abgeschieden, auf sich geworfen, als Getriebene, als Ausgestoßene, als Zweifelnde, als Verzweifelte; es gibt einen menschlichen Grund für den Monolog, und der ist politisch: es ist die soziale und gesellschaftliche Einzelstellung.
Die Stimmen der anderen kommen im Monolog im Abstrakten vor; oft hält die einzelne auch Gericht mit sich selbst, mit den Stimmen der anderen, die sie zur Getriebenen machten, zur Ausgestoßenen.

Bei einem Theatermonolog ist da sonst niemand.
Niemand außer der Figur, der Stimme – und dem Publikum natürlich.
Niemand, der stören, der sich einmischen würde.
Gut, natürlich wird auch mal an anderen Orten der ganz große Monolog geschwungen: Am Stammtisch, am Dozierpult, am Gartenzaun. Wir kennen die Genossen.
Aber um diese Genossen geht es jetzt nicht.

Alles hatte einmal groß begonnen: Wenn wir die antike Tragödie als den Beginn des westeuropäischen Theaters

begreifen, dann war an diesem Anfang der Verhandlungsprozess von Gesellschaft und Individuum, ein von Anfang an unabschließbarer Prozess. Aus einer Gemeinschaft lösen sich Einzelne, um Rede und Gegenrede zu eröffnen, um die großen gemeinsamen Konflikte, die bis in die Einzelnen vordringen, in der Öffentlichkeit zu verhandeln. Am Anfang war der Dialog, und der barg in sich den Monolog. Mit gleicher Gültigkeit kann auch gesagt werden: Am Anfang stand der Monolog, und der barg den Dialog in sich.

Im Theater scheint das System klar: Die einzelne Figur, die Stimme entäußert sich; wir, das Publikum, lauschen, schweigen, schauen zu. Auch mit einer gewissen voyeuristischen Lust.
Monolog bedeutet: Eine Stimme spricht und die anderen sind still. Gezwungen, still zu sein.

Der Monolog ist ein Aufbegehren, ein letzter Aufschrei gegen die vollendete Vereinzelung. Denn der Theatermonolog birgt noch immer die Möglichkeit zur Rettung: noch gibt es ein Publikum, das zuhört und zusieht. Noch gibt es das Theater, noch gibt es den öffentlichen Raum, der Einzelnen erlaubt zu sprechen, der Einzelnen die Möglichkeit einräumt, Einzelne zu sein. Ihre Vereinzelung zu beklagen, gegen sie anzuklagen.

Es bestätigt aber auch, dass jedem Theatermonolog ein Dialog innewohnt. Denn das Publikum ist stets das präsente, anwesende Gegenüber. Der dramatische Text, ob er in Dialog- oder in Monologform geschrieben ist, ob er die vierte Wand offenhält oder geschlossen, ist immer dialogisch. Der irrtümlich so genannte *Flächentext* ist es natürlich auch. Es adressiert ein Publikum als Gegenüber.

Im Augenblick kann das ganz große Drama auf der ganz großen Bühne allerdings nirgends stattfinden; auch der öffentliche Raum (doch eben erst von der Kunst erobert) verschließt sich schon wieder.
Vor uns. Vor dem Menschen. Dem Menschen als Gruppe. Und der Mensch ist eigentlich so gut wie immer Gruppe. Genau da fängt das Dilemma schon an. (Nicht erst im Theater.)
In diesen unseren pandemischen Zeiten ist der Monolog für viele aber auch ein Hoffnungsträger. Der Monolog, die kleine Form. Nur eine Person, die spielt, nur eine Person, die zuschaut.

Der Monolog ist lange vor der Pandemie im Zuge neoliberaler Einschnitte zur Hauptform avanciert. Alle Krisen, die ein ausbeuterisches System reihenmäßig produziert – Wirtschaftskrise, Migrationskrise, Klimakrise, Pandemie – atomisieren Gemeinschaften, führen zum Monolog.

In Italien beispielsweise ist im Zuge der Finanzkrise 2008 dem Theater so viel Geld gekürzt worden, dass die freien Theatergruppen aufgrund mangelnder Mittel auf die kleinstmögliche Besetzung zurückgreifen mussten: der Monolog wurde seither zum Markenzeichen, zum einzigen noch realisierbaren Theaterformat.

Auch in den Weiten des Internets entdecken viele die Intimität des Monologs aufs Neue. Digitale One-to-One-Performances suggerieren Nähe, wo im echten Leben kaum noch welche zur Verfügung steht. Wir tasten uns vor an die Grenzen des Machbaren. Digitale Experimente fangen uns momentan auf, halten uns im Gespräch, im Austausch, wenn auch meist nur über die Kommentarfunktion.
Chance oder Fluch? Das wissen wir noch nicht.

Wenn der Monolog ein Ausdruck ist für die Atomisierung, für die Vereinzelung der Gesellschaft, dann ist die Pandemie, die sicher die extremste Form der Vereinzelung darstellt, eine weitere Verschärfung dieses Zustands.

Andererseits zeigt uns gerade die Pandemie, wie sehr wir auf den Dialog angewiesen sind: *We dialogue, therefore we are.*

Vermutlich gibt es eben den Punkt, an dem die eine Stimme an ihre Grenzen kommt. An dem das Bedürfnis einfach zu stark wird, doch in einen Dialog zu treten.
Aber der Eintritt in einen Dialog ist immer auch ein Moment des bedingten Kontrollverlusts. Auf der Bühne wie im Alltag.
Wir geben die Kontrolle ein Stück weit aus der Hand, erlauben neben uns in unserem begrenzten Gedankenraum noch eine zweite Stimme.
Das Wagnis der Interaktion beginnt.

DIALOG

U. S. Am Anfang
war da vielleicht bloß eine einzelne Stimme.
Aber lange allein blieb sie nicht.

M. O. **Gewetzte Klingen, scharfe Schwerter, nichts ist hier mehr nebensächlich, alles ist auf Messers Schneide; ein falsches Wort und es droht: der Tod.**
Im Dialog.

Ein Dialog hat immer etwas Aufmüpfiges. Etwas Unwägbares. Ein gewaltiger, manchmal schwer zu definierender Aufruhr.
Wo vorher angenommene Einheit herrschte, im eigenen Kopf nämlich, der größten der gedanklichen Einbahnstraßen,
steht auf einmal These gegen These, Meinung gegen Meinung, Emotion gegen Emotion. Mensch gegen Mensch.
Der Akt des Sprechens an sich ist schon Positionsbestimmung: Ich hier, du da.
Der Akt des Sprechens an sich ist schon Konflikt: Ich hier, du da – aber wer lässt jetzt wem den Vortritt. Und warum.

Der Theaterdialog behauptet die radikale Existenz anderer Perspektiven, der gegensätzlichen, auch der unversöhnlichen. Er lässt in Abgründe blicken, er soll das Unauflösbare offenbaren; ein guter Dialog überlässt den Zuschauenden die Antwort.

Er selbst ist dafür da, die Widersprüche erkennbar werden zu lassen, auch den Schmerz und die klaffende Wunde. Der Dialog lehrt, das Unvereinbare auszuhalten. Und dabei sogar eine tiefe Erfahrung von Schönheit zu vermitteln.

Der Theaterdialog ist in Zeiten der spezialisierten Sprachen und Programme, der Echokammern und Geschlossenen Gesellschaften, aber auch der konsensorientierten Meetings eine Form, die wieder wichtiger werden sollte.

Im Gegensatz zum zwischenmenschlichen Gespräch, das im besten Falle den Konsens sucht, leuchtet der Theaterdialog im besten Falle auf den Grund des Konflikts.

Im Theater wissen wir: Der Konflikt ist der Movens jeglichen Handelns, er wird ausgetragen, durchexerziert in all seiner Widersprüchlichkeit. Kein Suchen nach dem faulen Kompromiss. Frühzeitiges Einlenken ist nichts für die Kunst.

Nur für unseren dünnhäutigen, pandemischen Alltag.

Im Theater sind wir zu Rede und Gegenrede verpflichtet.

Immer.

Wir können nicht anders.

Egal wie monologisch, wie flächig, wie erzählend ein Text auf dem Papier zunächst daherkommen mag:

Theater kann nicht zweidimensional. Es kitzelt selbst aus dem dichtesten Monolog-Block noch das Dialogische heraus. In Form von Körpern. Von Körpern und der Vielzahl ihrer Stimmen.

Der Konflikt wohnt den Körpern inne, ihrer Koexistenz.

In Ewigkeit.

Wir (die Figuren, die Stimmen) haben ein tiefes Bedürfnis nach Konflikt. Ein Recht darauf. Wir (das Publikum) nicht minder.

Wir kommen zusammen, um miteinander in Dialog zu treten. Auf der Bühne, von der Bühne aus mit den Zuschauenden – und von dort aus dann mit der seltsamen Welt dort draußen.

Im Dialog liegt der Ursprung des Zeitgenössischen.

Stimmen. Stimmen gegen Stimmen; Stimmen mit Stimmen.

Und schon setzt die Kakophonie ein.

Die Vielstimmigkeit. Der Chor. Oder auch die Monotonie eines Chors. Lauter Monologe. Und darüber schwebt:

Die (vertane) Möglichkeit eines Dialogs. Oder lauter Dialoge.

Im Chor wird wieder alles möglich.

WORAUS EIN STAAT GEMACHT IST – FLUTEN DER NEMESIS – ALLE ALLE ALLE, CHOR CHOR CHOR

(Auszug aus: *Die Kunst der Wunde*)

Woraus ein Staat gemacht ist
Aus wiederverwendbaren Bechern
Einträgen ins Strafregister
Aus Landfriedensbruch
Gemacht ist er aus Fürbitten und Abbitten, aus Kaffeetassen zum Gemeinschafts-gebrauch, aus Aktenschränken, V-Männern und Klauseln
Woraus ein Staat gemacht ist
aus langatmigen Phrasen von dem Volke zum Volke hin durch das Volke
Woraus ein Staat gemacht ist
aus seinen Schuldenbergen, Anamnesen, Bestandsaufnahmen, aus
seinem BIP und BSP, aus seinen Innovationen, Dichtern und Denkern,
Richtern und Henkern, woraus ein Staat gemacht ist,
aus Regionen zusammengezettelt und verzettelt,
auf Papier hingenommen, zusammen zu existieren, am
gleichen Fallstrick zu ziehen, den gleichen Strick
zu wählen, würde die Bedrohung real, ist die Bedrohung
real Pappbecher zu eins 90 die 100 und JA Mülltüten
derweil in Aktion und ein Staat ist gemacht aus
den immer gleich wiederkehrenden Bedürfnissen nach
Absicherung, Zugehörigkeit und *aus Zimmer 280 A,*
können Sie nicht lesen, aus Polizisten mit gut geschnürten
Gürteln, aus Filter und Lupe, muss man doch sehen
können, wessen man gedenkt und ein Staat ist gemacht
aus Verabredungen und Bankkonti und Zahltag und
Treue, Reue und Ehr und Ruhm und ein Staat ist gemacht
aus der Schlacht am Amselfeld oder aus Waterloo, aus Russ an den
Händen und Contergankindern
Aus Vereinen, Vereinigung und Wiedervereinigung, Vereidigten,
Zusammenkunft und Auseinandergehen
Eine Konstitution ist eine Verabredung staatstragender TrägerInnen, doch wer ist im Staat, das wissen wir nicht, haben wir immer zu wenig gewusst, gemacht aus dem Minimum aus Spannteppichen, Teppichvorläufern, aus Vorkostern – was gibt's denn heut? – Hm, Nudeln mit Blut –, aus Maggi, Ayran und deutscher Eiche, ein Staat ist gemacht aus der Willkür die Erinnern von Vergessen flicht,

aus seinen Innovationen, Dichtern und Denkern, Richtern und Henkern aus Nemesis gemahnenden Adligen, aus dem Rock von Napoleon ist auch der Staat gemacht aus den Rückgraten vieler Menschen und den Gräten des Herings, der nährt die Kinder und der Staat ist gemacht aus Lastenträgern, PKWs und Hausfriedensbruch und der Staat ist gemacht aus Familie, Senioren, Frauen und Jugend, aus MinisterInnenwahlen, Kabinetten und Taschentüchern, der Staat ist gemacht aus Wahlkampfballons, aus DEUTSCHE MACHEN WIR SELBST, aus Hörenden und Leidenden, Horaz und Lethe, aus arbeitenden Massen, rheumatischen Gliedern, dem Völkerschlachtdenkmal, aus Arbeitslosen, aus Harz an den Baumrinden der Ränder der Wälder, aus Heftern, aus violett gefärbten Frisuren beim Arbeitsamt, aus aufspringendem Sitzleder im Warteraum, aus Ärztinnen, aus Ärztinnen mit und ohne Grenzen, aus Ermüdeten, müd Gewordenen, aus verloren im öffentlichen Raum Liegenden, die mangels Wohnung in der ganzjährlich gut ausgeleuchteten Bankfiliale ihrer Selbstbefriedigung Raum geben

aus kaltem Kaffee schroff schroff schroff

Ein Staat ist gemacht aus jenen, die auf Gullideckel pinkeln, weil keine Immobilie verfügbar, aus Immobilienhaien, aus Sea Worlds mit Schwerthaien, Rochen und Rachen voller Streptokokken und er ist gemacht aus Impfungen, Versicherungsschäden, Halogendeckenflutern, aus Mülleimern, Kruppstahl, Stahltreppen, Wahlhäusern, aus Gemeinschaftskaffeekannen, aus Umzügen, *Raum A 86 hamses nicht gehört,* aus Relikten anderer Regionen fein säuberlich eingelagert in Museen, *sagen Se mal, ham Se Tomaten aufn Ohren,* aus kaltem Kaffee schroff schroff schroff, *schaff Dich doch mal raus, da ist die Tür,* woraus der Staat gemacht ist, aus Türen, Toren und Schlössern, aus Verschlüssen, Bisphenol B, altklugen Kindern, *die Polizistin ist über Rot gefahren, das darf die nich!, das darf die wohl, aber nur wenn sie Blaulicht aufhat,*
aus dem Versprechen von Chancengleichheit – Woraus der Staat gemacht ist, aus Säulen der Demokratie und Tiefgaragen und tiefgefrorenen Toten in Lastenwägen, aus Geschichte und N, aus Denk – und Mahnmälern, Schanden und Schanzen, aus Sankt Pauli, Motten in den Schränken der Küchen des Volks, woraus er gemacht ist, aus Feindbildern, Juden und Antisemiten, wobei die ganzjährlich Saison, aus

aus der Normalverteilung, aus Gastarbeitenden aus jenen, die blieben, aus jenen, die kamen, bevor die anderen blieben

Saisonkarten, Südkurven, aus dem SWI, dem KVW, den Rundfünken, dem zögerlich flötenden Finken, dem Öffentlich Rechtlichen eins zwei drei, aus Schlaufen, Schlacken und Schandtaten, aus der Geschichte – *nur, wer hat's erfunden?*, und der Staat ist gemacht aus dem Chor, der Cholera nicht mehr und aus den Körpern der Lebenden und Toten, aus Honig, Honecker und Gauss
Der Graus
Nein, der volle Gauss
aus der Normalverteilung, aus Gastarbeitenden aus jenen, die blieben, aus jenen, die kamen, bevor die anderen blieben, aus Steinbrücks, den von der Leyens, Ingenieuren und Kollaps, kollabierenden Gallops, aus STEINSCHLACH-TEN, Schlachtabfällen und Tuffi, dem Elefanten, aus Fans, aus Kulis mit Wahlslogans, aus den Logans, den Philharmonikern, den Harmonischen, den Nickerchen der Beamten nach fuffzehn Uhr und der Staat ist gemacht aus Blättern und Wäldern und Blätterwäldern, aus Justizskandalen, Linksvandalen und Ergosandalen und der Staat ist gemacht aus Antagonisten, Pensionisten und Fantasten, Fanta ist ein Kriegsprodukt, AHJA, und der Staat ist gemacht aus Schulpflicht, Eherecht und JVAs, aus Viadukten, römischen Wasserleitungen, abgehörten Leitungen, aus Dichtungen, Protokollen und Pollen, *Sagen Se mal, hamses nicht gehört! Raum 175! Hamses nich verstanden! Steht unter Strafe! Raus hier!*, aus Allergikern, Klerikern und unehelichen Kindern, aus Waisen, Weisen und den Waisen der Weisen, und der Staat ist gemacht aus Büronadeln, Talaren und Perücken, aus Schnauzern, Blut – und Wissensdurst, Paragrafen, Pressefreiheit und Plena aus *Raum 93 A hamse nicht gehört*
Der Staat ist gemacht aus Eigenheimen, Hypothekzins und Belehnung, aus Lena, Jena, Patrick und Sandra, aus Uwe, Uwe und Beate, aus Rostock in den 90ern und Heer, Stahl und Sturm, aus Bayer, Laktatimitat und das wissen wir nicht, wir wissen es einfach nicht
Wir werden es nie wissen können, abschliessend wird immer etwas offen bleiben
Der Staat ist aus Fanta gemacht, fifafantastisch, aus der Nationalelf, aus Revisoren, Visionen, Emissionen, Chancenungleichheit, aus denen, die ausbliesen die Kerzen auf den Gräbern der Soldaten 45, aus dem Dreck in den Fugen, er ist aus den Fugen, der Staat

aus dem Dreck in den Fugen, er ist aus den Fugen, der Staat

Die Kunst der Wunde ist ein Auftragswerk des Schauspiel Leipzig.
Uraufführung im Frühjahr 2021 in der Regie von Katrin Plötner.

ESTHER BECKER
WIE DIE GORILLAS
Hardcover
160 Seiten, 19 €
ISBN 978-3-95732-470-2
Ein so berührendes wie unbequemes, weil ungeschönt offenes Dokument der Frauwerdung in der (westeuropäischen) Gegenwart.
AVIVA-Berlin
ESTHER BECKER
WIE DIE GORILLAS
ROMAN
VERBRECHER VERLAG

Das Treffen von Fort Point

AUSZUG

5A

DIE BÜHNE ist der Vorhof einer Anstalt, genauer des St. Coletta Heims in Wisconsin. Der Planwagen parkt. JOHN LEE BOB döst auf dem Kutschbock. FABRIKANT FREEBIRD fliegt in Achten um die Anstalt. JUNÍPERO SERRA und FRANCISCO PALÓU kommen hinter der Plane hervor.

FRANCISCO PALÓU Hier hat man den heiligen Franziskus aber wirklich beim Wort genommen.

JUNÍPERO SERRA Du sagst es, Palóu. Mitgefühl, Würde –

FRANCISCO PALÓU Und Respekt.

SERRA und PALÓU betrachten eine Weile das sogenannte Heim, bis ROSEMARY KENNEDY den Vorhof betritt.

ROSEMARY KENNEDY So schief solltet Ihr dort besser nicht parken.

FRANCISCO PALÓU Stimmt, Padre. Bob blockiert den halben Parkplatz.

JUNÍPERO SERRA Papperlapapp, Palóu, wir parken, wie es uns passt.

ROSEMARY KENNEDY Mir ist es egal, aber Oberschwester Bollt sieht es gar nicht gern, wenn hier falsch geparkt wird.

JUNÍPERO SERRA Aha, ja. Du kannst Deiner Oberschwester ausrichten, dass ich, Junípero Serra, gekommen bin, um eine gewisse Rose Kennedy –

ROSEMARY KENNEDY Rosemary?

JUNÍPERO SERRA – abzuholen. Du kannst ihr ebenfalls, sollte Deiner Oberschwester mein Name nichts sagen, was gelinde gesagt, eine Überraschung wäre, ausrichten, dass sich eine Büste, die meinen Gesichtszügen nachempfunden ist, im Kapitol zu Washington, D. C., befindet.

ROSEMARY KENNEDY Wir haben hier ein Haus, das heißt genau wie Sie, Padre –

JUNÍPERO SERRA Na, da siehst Du es ja, und jetzt los, hopp-hopp, hol mir die Oberschwester her.

FRANCISCO PALÓU Sie haben ein Haus nach Ihnen benannt.

ROSEMARY KENNEDY – aber keine Rose. Rose, das ist der Name meiner Mutter.

JUNÍPERO SERRA Naja, Palóu, meinst Du nicht, es gibt größere Ehren als eine Irrenanstalt?

FRANCISCO PALÓU Kleinvieh macht auch Mist, Padre.

ROSEMARY KENNEDY Es ist ja auch gar nicht die ganze Anstalt, sondern bloß das Haus dort drüben, das, wo Oberschwester Bollt den Snoezelraum eingerichtet hat.

JUNÍPERO SERRA ...

FRANCISCO PALÓU ...

ROSEMARY KENNEDY Bevor ich mit Oberschwester Bollt zurück bin, sollten Sie aber wirklich besser dafür sorgen, dass der Planwagen umgeparkt wird.

FRANCISCO PALÓU Vielleicht hat sie recht, Padre. Wir wollen doch keinen Ärger machen.

JUNÍPERO SERRA Papperlapapp, vor allem wollen wir hier keine Wurzeln schlagen. Also mein liebes Kind, warum gehst Du jetzt nicht zu Deiner Oberschwester und sagst ihr, Junípero Serra erwarte sie, und dass er überhaupt nicht über die Parksituation vor ihrer Anstalt streiten möchte, sondern nur ein Fräulein namens Rose Kennedy abholen.

FRANCISCO PALÓU Rosemary. Das Fräulein, das wir abholen sollen, heißt Rosemary.

JUNÍPERO SERRA Na schön, dann heißt es eben Rosemary.

ROSEMARY KENNEDY Das ist es ja!

JUNÍPERO SERRA Was heißt denn hier »Das ist es ja« Ausrufezeichen? Ich wurde nicht von Papst Johannes Paul II. selig gesprochen, um mich von einer Schwerbehinderten, die darüber hinaus nichts als einen Bademantel trägt, anschreien zu lassen.

ROSEMARY KENNEDY Ich heiße Rosemary, nicht Rose wie meine Mutter.

FRANCISCO PALÓU Sie sind das Fräulein Kennedy?

JUNÍPERO SERRA Palóu! Da könnte ja jede dahergelaufene Behinderte kommen und behaupten, sie sei das Fräulein Kennedy, und Du würdest es einfach so glauben.

ROSEMARY KENNEDY Glauben heißt nicht wissen, Padre.

JUNÍPERO SERRA ...

FRANCISCO PALÓU Sollen wir doch die Oberschwester holen?

JUNÍPERO SERRA Unnötig, Palóu, vollkommen unnötig!

ROSEMARY KENNEDY Die würde Euch was erzählen.

JUNÍPERO SERRA Wenn unser liebes Kind hier wirklich Rose –

FRANCISCO PALÓU Rosemary.

JUNÍPERO SERRA – Kennedy ist, dann weiß es sicher auch, wie Ihre Brüder heißen?

ROSEMARY KENNEDY Joseph Patrick Junior, John Fitzgerald, Robert Francis und Edward Moore, den haben wir aber immer nur Ted oder Teddy gerufen, er war ja der jüngste.

FRANCISCO PALÓU Stimmt. Stimmt sogar chronologisch.

JUNÍPERO SERRA Aha, ja. Und Deine Schwestern?

ROSEMARY KENNEDY Kathleen Agnes, Eunice Mary, Patricia, die wie ich von unseren Eltern keinen Doppelnamen bekommen hat, Jean Ann, und heute, Padre, natürlich auch und über allen anderen Oberschwester Bollt.

FRANCISCO PALÓU Ich glaube es ist wirklich Rosemary, und ich glaube –

JUNÍPERO SERRA Papperlapapp, Palóu, die Frau ist behindert.

SERRA verlässt den Vorhof, um einen Blick in den Snoezelraum zu werfen.

FRANCISCO PALÓU Ich glaube, er glaubt Ihnen jetzt.

ROSEMARY KENNEDY Ach ja?

FRANCISCO PALÓU Er ist eben manchmal schwierig.

ROSEMARY KENNEDY ...

FRANCISCO PALÓU Es wird ein großes Fest geben, und Sie, Rosemary, sollen Teil davon sein, und deshalb bitte ich Sie, auch im Namen des Padres, jetzt mit uns zu kommen.

ROSEMARY KENNEDY Ein Tanzfest?

FRANCISCO PALÓU Nun ja, sicherlich darf dort auch getanzt werden.

KENNEDY bindet sich den Bademantel auf eine Art und Weise neu, die signalisiert, dass sie ihre Anstalt für längere Zeit verlassen wird. Dann folgt sie PALÓU zum Planwagen. Nach einer Weile kehrt auch SERRA zurück. FREEBIRD landet, eine Packung Mon Chéri im Schnabel, auf JOHN LEE BOBS Schulter. Der zieht die Zügel an.

7A

DIE BÜHNE ist eine humanitäre Katastrophe, genauer ein Dust Bowl in den weiten Ebenen Oklahomas. KENNEDY und JOHN PEMBERTON sitzen unter der Plane des Planwagens und schauen in den Staub.

JOHN PEMBERTON Und dieser Freund ihres Vaters, der hat Ihnen wirklich einen Eispickel ins Auge – Also, entschuldigen Sie, Rosemary, aber das ist – Naja, wissen Sie, bei allem Respekt, Sie wirken gar nicht so schwerbehindert.

ROSEMARY KENNEDY Ach ja?

JOHN PEMBERTON Also, nein – So meinte ich das doch nicht.

ROSEMARY KENNEDY Wissen Sie, John, das schlimmste an einer Lobotomie ist, dass man danach immer so blöd tun muss. Nie kann ich mich mal normal unterhalten. Sogar übers Wetter reden ist schon zu viel.

JOHN PEMBERTON Das ist heute allerdings merkwürdig.

ROSEMARY KENNEDY Ja, nicht wahr.

JOHN PEMBERTON Es kommt ja ganz selten vor, dass es ein Wetter gibt, das man noch nicht kennt.

ROSEMARY KENNEDY So wie heute.

JOHN PEMBERTON Ich muss da ein bisschen aufpassen, wegen meines Nervenleidens. Dass es mich nicht in ein falsches Wetter verschlägt. Ein Reizklima.

ROSEMARY KENNEDY Das ist es ja! Immerzu müssen wir aufpassen.

JOHN PEMBERTON Da fällt mir ein, die Mönche haben gesagt, sobald wir auf der Brücke angekommen sind, dürfen wir unter keinen Umständen einen Schluckauf kriegen.

ROSEMARY KENNEDY Ach ja?

JOHN PEMBERTON Mir ist das nicht so recht, ich krieg den nämlich häufiger, so einen Schluckauf.

ROSEMARY KENNEDY Empfindliches Zwerchfell?

JOHN PEMBERTON Nein, nicht besonders – Wobei, ich weiß es nicht. Jetzt, wo ich darüber nachdenke, fällt mir auf – Also, ich krieg den eigentlich nur, wenn ich ein Glas kaltes Sodawasser trinke.

ROSEMARY KENNEDY ...

JOHN PEMBERTON ...

ROSEMARY KENNEDY Früher bin ich gern zu Tanzfesten gegangen. Ich hatte immer Schwierigkeiten, in der Klosterschule still zu sitzen. Aber wenn ich tanzte, war immer alles ganz klar.

JOHN PEMBERTON ...

ROSEMARY KENNEDY Meine Mutter hat mir, wenn ich einen Schluckauf hatte, immer erzählt, dass ich während des Schluckaufs wachse. Dann habe ich die Augen geschlossen und in mich hinein gefühlt, um zu merken, wie es in und an mir wächst, und wenn ich sie nach einer Weile wieder öffnete, war der Schluckauf verschwunden.

JOHN PEMBERTON Und Sie waren gewachsen?

ROSEMARY KENNEDY Nein, natürlich nicht. Das war ein Märchen meiner Mutter. Aber ich habe es geglaubt, bis ich zweiundzwanzig war. Damals, der zweite große Krieg stand kurz bevor, wohnte ich mit meiner Familie in London. Einmal aßen wir mit Churchill zu Abend. Ein andermal besuchten wir die Queen, deren Tochter sich gerade auf ihre Lehre zur Kfz-Mechanikerin vorbereitete, weswegen sie auch nicht im Palast am Park wohnte, sondern unter Jaguare robbte und Motoren reparierte.

JOHN PEMBERTON ...

ROSEMARY KENNEDY Was ich über alles liebte, war zu tanzen. Deshalb schlich ich oft nach Sonnenuntergang aus unserer viktorianischen Villa, um die Nächte in Tanzlokalen und Pubs zu verbringen. Eines Abends ging ich mit einem Verehrer aus, ein Jüngchen noch, schmächtig und mit hervorstehenden

Zähnen unter dem rötlichen Flaum seines Schnauzbarts. Ein richtig hässlicher Engländer, wenn ich mir das heute so überlege – Aber wie sehr er in mich verliebt gewesen ist. Bald fand ich mich Abend für Abend mit ihm auf der Tanzfläche wieder, gemeinsam und doch allein, jeder für sich, nur ab und an Blickkontakt. Seine Blicke eine Offerte. Meine hingegen echter Tanz. Blicke, die nicht mehr in das Lokal gehörten, die darüber hinaus gingen, Blicke, die meine Gegenwart bestritten und mich tanzend zur spiegelverkleideten Decke hoben, höher und höher, bis plötzlich ein Schluckauf von mir Besitz ergriff und mich zurückholte, zurück zum Swing, dem meine Beine gefolgt waren, als seien es verlängerte Trompeten, über die ich nun aber ins Stolpern geriet, hinfiel und neben den ungewichsten Schuhen des Roten aufschlug.

JOHN PEMBERTON Was soll das denn nun bedeuten?

ROSEMARY KENNEDY Dass ich die Regel vom Schluckauf schon kenne.

JOHN PEMBERTON ...

ROSEMARY KENNEDY Der Engländer, den ich damit gekränkt hatte, dass ich, ermattet vom Schluckauf und zugleich von der Ahnung, dass dies der perfekte Tanz gewesen war, ein niemals wiederherzustellender Zustand, so ermattet und eben abgrundtief traurig, so traurig wie nie zuvor und nie danach, dass ich das Lokal also verließ, grußlos und eilig an der schiefen Hässlichkeit des Roten vorüber – Der hatte daraufhin nichts Besseres zu tun, als über drei Ecken meinen Vater von den, wie er sich ausdrückte, zügellosen Ausschweifungen zu unterrichten. Dass Vater mich nach Amerika ausfliegen ließ und Walter Freemans transorbitaler Methode übergab, wunderte mich nicht.

JOHN PEMBERTON ...

ROSEMARY KENNEDY ...

JOHN PEMBERTON Darf ich fragen, Rosemary, warum ausgerechnet Sie eingeladen wurden?

KENNEDY zieht ein Bounty aus ihrem Bademantel.

JOHN PEMBERTON Ist das ein Bounty?

ROSEMARY KENNEDY Ich mag Snickers –

JOHN PEMBERTON ...

ROSEMARY KENNEDY – Baby Ruth mag ich auch.

JOHN PEMBERTON Den hab ich am liebsten.

ROSEMARY KENNEDY Und Milky Way.

JOHN PEMBERTON Mars?

ROSEMARY KENNEDY Mars überhaupt nicht, das fühlt sich im Mund so komisch an.

JOHN PEMBERTON Stimmt, stimmt genau – Also Mars find ich auch komisch im Mund!

ROSEMARY KENNEDY ...

JOHN PEMBERTON Und Bounty?

ROSEMARY KENNEDY Ich bin allergisch auf Kokosnüsse.

JOHN PEMBERTON Sie haben noch nie ein Bounty gegessen?

ROSEMARY KENNEDY Mein Bruder John war verrückt danach. Überall, wo er eine Minute für sich hatte, es waren ja ständig Leute um ihn herum, aß er eins. Jacqueline mochte sie auch. Bounty sorgte dafür, dass ihre Bindung immer enger wurde. Aber dann fand sie im Schlafzimmer ein angebissenes 3 Musketeers. Da wurde ihr bewusst, dass mein Bruder sie mit Marilyn Monroe betrog. Jeder wusste von Marilyns Vorliebe für 3 Musketeers.

JOHN PEMBERTON Allerhand.

ROSEMARY KENNEDY Fortan verabscheute Jacqueline Schokoriegel.

JOHN PEMBERTON Verständlich – Also, das wundert mich nicht!

ROSEMARY KENNEDY Und John wurde immer öfter dabei fotografiert, wie er in ein Bounty biss. Und am 22. November 1963 trug er dieses hier in der Innentasche seines Jackets.

Überlieferung

I.

Am Anfang war Marija ohne Nachnamen. Es heißt, dass sie nicht verheiratet war und den Sohn allein unter Frauen gebar. Ein Wesen in graubraunen Leinenkleidern, umringt von murmelnden Körpern.
Sie lag auf dem Rücken am Boden, bäumte sich noch einmal auf; und ihr letzter Schrei erstickte im Staub des Geglaubten.

»Es war ein Schrei des Ursprungs!«, sagte mein Vater,
»die Glocken schlugen vor ihrer Zeit zur Messe«;
»Es war ein Fehler im Uhrwerk!«, sagte meine Mutter;
aber Baba, die Dorfälteste, stand mit dem Bündel am Ufer, wo die Vuka in die Donau mündet, und hörte die Gnade des Herren.

»So wurde mit Siniša Marušić I. die Tradition der Söhne der Familie Marušić begründet, mit mehr Glück als Verstand am Leben zu bleiben«, sagte mein Vater.

Bis ihr Glück aufhört, noch bevor sie das fünfzigste Lebensjahr vollendet haben.

••

»Wir haben gelernt«, sagte meine Mutter,
»dass die Geschichte den Menschen macht und nicht der Mensch die Geschichte,
wenn wir sie uns nur oft genug erzählen;
viele von uns haben sich auf diese Weise eine Gemeinschaft erfunden und –
wir erkennen uns in unserem gemeinschaftlichen Erfundensein an den Verlegenheitsgesten,
mit denen wir andere in unsere Geschichten eingemeinschaften
weil wir uns in den Ausweg noch nicht gefunden haben«.

II.

Meine Geburt ist zweifach dokumentiert und dreifach überliefert.

Das erste Dokument ist die Urkunde. Darauf sind Tag, Zeit, Ort und Namen der Beteiligten festgelegt.

»Am 21.7.1971«,
sagte meine Mutter;
»der Tag«,
sagte mein Vater,
»an dem ich mich in mein Schicksal fügte«;
»um 12:13«,
sagte meine Mutter;
»als ich wegen der Hitze zu viel Bier getrunken hatte«,
sagte mein Vater,
»und mich nicht vom Dach hinunter wagte«;
»in Vukovar«,
sagte meine Mutter;
»wo die Vuka in die Donau mündet«,
sagte mein Vater.
»Siniša Marušić«,
sagte meine Mutter;
»der jüngste Nachkomme der Marušić'«,
sagte mein Vater.

»Wärest du nicht an diesem Tag um diese Zeit vor meinen Augen geboren«,
sagte Gertrud,
»hätte ich das Datum, an dem ich mir eingestehen musste, dass mir der Ort, von dem meine Eltern kommen, nichts zu erzählen hat, nicht im Gedächtnis behalten«.

»Dein Vater war an deiner Geburt nicht beteiligt«,
sagte meine Mutter,
»sein Name steht zu Unrecht auf der Geburtsurkunde«;

»Die Familientradition der Marušić' will, dass die Mütter ihre Söhne allein unter Frauen gebären«,
sagte mein Vater,
»deshalb kam ich ausgerechnet an diesem Tag nicht vom Dach herunter«;

»Ich stand am Ufer, wo die Vuka in die Donau mündet, und sah das Heimweh meiner Eltern als Leichen im Wasser versinken«,
sagte Gertrud,
»als ich mich wegdrehte, das Glockenläuten, es muss um Mittag gewesen sein«.

»Ich sah und hörte nichts«,
sagte meine Mutter,
»als mich der Schmerz überkam«.

»Ich saß auf dem Dach und sah aus der Ferne eine riesige Staubwolke auf mich zurasen«,
sagte mein Vater,
»und der letzte Schrei von Marija ohne Nachnamen dröhnte in meinen Ohren«.

»Ich kam von einer Wasserbestattung, als deine Mutter vor meinen Augen in sich zusammensackte und im Fallen eine riesige Staubwolke aufwirbelte«,
sagte Gertrud.

»Ich sah und hörte nichts«,
sagte meine Mutter,
»nicht einmal meine eigenen Schreie«.

»Ich duckte mich vor der Wolke und nahm die Hände erst vom Gesicht, als die Glocken zu läuten begannen«,
sagte mein Vater.

»Ich blieb abrupt stehen«,
sagte Gertrud.

»Am Anfang war der Schmerz«,
sagte meine Mutter,
»und dann nur noch der Schmerz«.

»Am Anfang war Marija ohne Nachnamen«,
sagte mein Vater.

»Deine Geburt war mein Neuanfang, als die Geschichte von der
Herkunft meiner Eltern auserzählt war«,
sagte Gertrud.

••

Das zweite Dokument ist ein verwackeltes, orangestichiges Foto von meinem ersten Schrei, das Gertrud meiner Mutter einen Monat später aus Deutschland schickte.

III.

Am Anfang sah ich eine Donauschwäbin, die an dem Ort, wo die Vuka in die Donau mündet, das verloren Geglaubte nicht gefunden hatte.

Vom Ende ruft mein Vater, der kurz vor seinem fünfzigsten Geburtstag betrunken über seine eigenen Füße stolperte, als er meinte, die Glocken läuten zu hören und sich den Kopf am Geländer stieß, an dem er sich festgehalten hatte, um nicht zu fallen. Und sein letzter Schrei erstickte im Staub des Geglaubten.

Dazwischen steht meine Mutter, die nirgends auf der Welt etwas anderes vorfand als Tatsachen.

••

»Wir haben gelernt«,
sagte ich,
»dass es Worte gibt, die man über etwas nicht verlieren sollte,
wenn man den Wert des Etwas, das sie bezeichnen, behalten will;
viele von uns sind auf diese Weise verstummt und -
wir erkennen uns in dieser Verstummung an den Verlegenheitsgesten,
mit denen wir andere zum Verstummen bringen,
während wir weiter den Wert in uns hineinfressen, der wie ein saurer Apfel
in unseren leeren Mägen gärt«.

Bei Dialogen denke ich an Heimat- und Sachkunde-Unterricht bei Herrn Höhn in den Achtzigern, seine mit grünem Filzer beschrifteten VHS-Kassetten, Tele-Ski und die Schweißbänder meiner Eltern. Und an Tante Helga, neben der ich sonnabends auf ihrem kratzigen Fransensofa sitzen musste, damit wir uns *unterhalten können*. Ich war sieben, wollte Schnecken sammeln und mit Heiner von nebenan klettern. Wenn ich an Dialoge denke, denke ich an Helgas beige Rollkragenpullover und Erfrischungsstäbchen, aber nicht an Literatur.

Faktencheck

A und B können jedes Alter und Geschlecht haben.
Ort: Ein Café. Zeit: Nachmittag.

A: Jedenfalls bin ich dann in diesen scheiß Kiosk rein. Am Bahnhof –

B: Der auch Brot und sowas hat, der neue? Die Brezeln machen die frisch, die sind echt gut.

A: Ne, der andere, und ich wollte eigentlich nur so ’n Wodka kaufen, so ’n kleinen, für Penner. So’n scheiß Pennerwodka.

B: Du trinkst, bevor wir uns treffen? Ist das so ein –

A: Für Mut nur, nur so’n kleiner, mach da jetzt kein Fass auf.

B: Haha, Fass auf –

A: – hab ich eh nicht getrunken. Kam ich nicht zu, weil ich dann, also die haben da auch Karten, Gruß –

B: Geburtstag und so.

A: Ja und so. Und ich dachte, ich schreib dir ’ne Karte. Bring ich dir dann mit, ist ja manchmal einfach leichter, was zu schreiben. Als es zu sagen.

B: Ja.

A: Und ich dachte, ich hau mal richtig einen raus mit der Karte. Also ich wollte dich beein-, wollte dich beeindrucken mit Wissen. Ist jetzt auch peinlich ein bisschen, aber der dicke Hund kommt ja erst –

B: Das dicke Ende.

A: Ja. Scheiße, dann halt das dicke Ende. Und da war so eine scheiß Karte, die fand ich gut für dich, weil du ja immer alles weißt. Und da stand drauf: »Die Eskimos haben über 50 Wörter für Schnee« oder so ähnlich. Und ich dachte, weiß auch nicht, hab ja jetzt noch ein bisschen Zeit bis drei Uhr und vielleicht schreib ich ja einfach mal ’ne Karte. Für dich. Wollt ich dir halt mitbringen, und irgendwie hat mich das auch angesprochen mit dem Schnee. Jedenfalls ist mir eingefallen, google das vielleicht lieber erstmal. Man soll nicht immer alles glauben. Weiß man ja, dass das gefährlich ist, heutzutage, weißt du ja selbst, und man soll lieber – hörst du mir zu?

B: Hab's gegoogelt. Also, die *Inuit* haben verschiedene Sprachen und das mit dem Schnee ist ein Irrglaube, der auf –

A: Ja, hab ich selbst gelesen, danke, wollte ich ja gerade – und die fügen halt Wörter, also Wörter, die es schon gibt, einfach nur zusammen, die Inuit. Und das zählt dann nicht als neues Wort. Für Schnee zählt das zum Beispiel nicht als neues Wort, wenn man Rieselschnee sagt oder Pulverschnee oder Schönschnee oder Hagelschnee oder –

B: Komposita.

A: – Grauschnee oder Eisschnee oder Eischnee oder, was weiß ich, Gelbschnee.

B: Der schneit ja eh nicht runter.

A: Ja, scheiße. Das wär ja noch bunter. Jedenfalls hat mich das, weiß auch nicht. Das hat mich rasend gemacht, dass da was steht und die Leute kaufen das und glauben das und das stimmt einfach nicht –

B: Hier steht, die Schotten haben mehr Wörter für Schnee als die Inuit –

A: – und das ist doch wie mit den Flüchtlingen. Das ist genau dasselbe, nur mit-, mit Inuit und nicht mit, keine Ahnung, Syrern zum Beispiel. Die puzzeln sich da irgendeine Wahrheit zusammen, in Görlitz oder, oder Bitterdings-

B: -feld.

A: Bitterfeld, ja, genau, oder in Wanne-Eickel, von mir aus, und dann brennt da eine Flüchtlingsunterkunft, weil wieder irgendwo was stand. In der *Bild* oder in so einem Postwurf von der, das, na ja und dann bin ich irgendwie durchgedreht und hab angefangen, die Karten zu zerreißen.

Kleine Pause.

B: Du. Hast.

A: Ja, ich weiß doch auch nicht. Scheiße. Konnte nicht aufhören damit, das war, scheiße, irgendwie so richtig, hab mich richtig in so eine scheiß Rage gerissen und als ich so an der neunten war, steht da plötzlich wie aus dem Nichts diese Aushilfskraft hinter mir und piepst »Das müssen Sie aber bezahlen«. Und ich dreh mich zu ihr um und zerreiß noch eine, wie so ein scheiß trotziges Kind.

B: –

A: Und ich glaube, daran ist Trump schuld. Und jetzt hab ich da Hausverbot, und daran ist auch Trump schuld. Und weil so eine scheiß Karte mit scheiß Lügen über Schnee 3,50 kostet, war der Wodka nicht mehr im Budget. Kannst also aufatmen.

B: Danke, Trump.

A: Ja, danke.

Kleine Pause.

B: Das ist das Bescheuertste, das ich je gehört habe.

A: Ja.

Kleine Pause

A: Scheiße.

Lange Pause.

B: Was wolltest du denn auf die Karte drauf schreiben?

Lange Pause.

A: Glaub, das kann ich mir jetzt eh abschminken.

Kleine Pause.

B: Hast du die Schnipsel noch?

A: Hm?

B: Von den Karten.

A: Ja, was denkst du denn. Ganze Tasche voll. Hab ich ja schließlich bezahlt.

B: Da sind doch Buchstaben drauf. Puzzle einfach zusammen, was du mir sagen willst. Dann puzzle ich dir das, was ich dir sagen wollte.

A: Du, mir?

DAS MEER DIE SONNE

(auszug)

figuren:

MEER
SONNE

ÖZLEM ÖZGÜL DÜNDAR

1.

MEER lass mich
SONNE ich tu nichts
MEER berühr mich nicht
SONNE ich stehe hier nur so
MEER du berührst mich
SONNE das bildest du dir ein
MEER wenn du mal nicht
SONNE ich kann nicht anders
(pause)
MEER du berührst mich
SONNE wer? ich?
MEER ja, du
SONNE und gefällt es dir?
MEER nein, lass das
SONNE alle lieben meine berührungen
MEER mir ist das unangenehm
SONNE ach, so?
MEER richtig unangenehm
SONNE das wusste ich nicht
MEER das merke ich schon
SONNE wirklich, entschuldige bitte
MEER ist schon gut
(pause)
MEER lass mich
SONNE ach was, hab ich schon wieder?
MEER ja
SONNE tut mir leid. ist es so besser?
MEER weiß nicht
SONNE so vielleicht?
MEER weiß nicht, ja, vielleicht
(pause)
MEER du machst es schon wieder
SONNE oh, oh wirklich und wie ist es? ist es angenehm?
MEER nein
SONNE entspann dich
MEER wie denn?
(Meer macht etwas)
SONNE genau so, ja, ja, genau so

MEER ich kann mich nicht entspannen

SONNE doch, schau, jetzt bist du doch viel entspannter. jetzt noch ein bisschen mehr, dann könnte man dich fast voll relaxed finden

MEER lass mich. ich mein's ernst

SONNE ist ja schon gut. ich hör ja auf

MEER ich will deine berührungen nicht

SONNE ja, ja

MEER nichts ja, ja, immer dieses betätscheln

SONNE wie bitte?

MEER ja, dieses betätscheln

SONNE also, das hab ich ja noch nie erlebt

MEER berühr mich einfach nicht

SONNE ja, ja

MEER eben nicht ja, ja

SONNE ist ja schon gut. ich hör ja schon auf

2.

MEER ich hab ja eigentlich nichts gegen dich. heute sind deine berührungen sanft, fast schon zärtlich und der wind ist eine leichte brise über mir und ich schlage keine gigantischen wellen. ganz leicht bin ich. warm und steichelzart bist du

SONNE eine leichte brise ist der wind? das liegt nicht am wind, sondern an mir

MEER ihr beide zusammen. der wind streichelt mich und du strahlst mich ein wenig an

SONNE ein wenig, aber nicht zu viel

MEER genauso wünsche ich es mir

SONNE mir ist nicht immer nach einem kurzen strahl am mittag

MEER warum immer so viel energie aufwenden?

SONNE es ist meine aufgabe, alles anzustrahlen. ohne mich wäre alles dunkel und kalt

MEER du nimmst deine aufgaben zu ernst

SONNE alles wäre kahl ohne mich

MEER aber es würde weniger stinken

SONNE es wird immer stinken. vor allem du, mit deinen fischen und algen und allem, was sonst in dir schwimmt

(pause)

SONNE mach doch mal was

MEER lass mich
SONNE du bist so unglaublich träge
MEER was interessiert dich das?
SONNE du liegst da so reglos
MEER das geht dich nichts an
SONNE das ist langweilig
MEER und?
SONNE du langweilst mich
MEER ist dein problem

3.

(gigantischer Sturm)

SONNE das war jetzt zu viel
MEER aha
SONNE nein, wirklich. das war einfach zu viel
MEER du wolltest bewegung
SONNE aber doch nicht gleich einen gigantischen sturm
MEER du hast mich herausgefordert
SONNE ja, um dich aus deiner trägheit rauszuholen
MEER das hast du nun davon
SONNE das ist jetzt auch meine schuld oder was?
MEER ja, genau
SONNE das ist doch jetzt nicht besser
MEER ist immerhin was passiert
SONNE jetzt sind die doch überall verteilt
MEER immerhin bewegung
SONNE ja, aber überall liegen die jetzt
MEER bewegung ist gut
SONNE bewegung um jeden preis ist nichts gutes
MEER du wolltest das so
SONNE nein, jetzt leg mir nicht worte in den mund
MEER du wolltest, dass ich mich bewege. du hast gesagt, ich sei langweilig
SONNE das ist doch nicht, was ich wollte. die liegen jetzt überall verteilt. schau. da, da, da. überall
MEER egal
SONNE egal?
MEER egal. ist deine schuld

4.

MEER sagt ein kadaver im meer zu den fischen: mich sticht etwas in den rücken, aber ich kann es nicht sehen. ich bin so unbeweglich geworden

sagen die fische: ein fels

der kadaver: ein fels?

die fische: sticht dir in den rücken

der kadaver: ich bin an einem fels gelandet? dann bin ich an einer küste?

die fische: nein, das ist ein einsamer fels

der kadaver: einsamer fels?

die fische: küsten gibt es hier weit und breit nicht

der kadaver: ich treibe, so wie es das meer will. seit tagen bin ich schon an keiner küste mehr gelandet

die fische: hier sind keine küsten

der kadaver: ich dachte, da hinten hätte ich land gesehen

die fische: das hast du dir eingebildet

der kadaver: mir war so, als ob dort eine anhöhung sei. da hinten

die fische: hier ist die mitte des atlantiks

der kadaver: die mitte?

die fische: exakt die mitte

der kadaver: wie bin ich denn so weit getrieben?

die fische: das ist uns auch ein rätsel, denn die meisten von euch haben wir schnell aufgegessen. wir knabbern an dir. du schmeckst uns so gut. das meer bietet uns viel nahrung. die pflanzen sterben aus, aber dafür gibt es neue nahrung. das meer versorgt uns mit kadavern. jeden tag fallen neue hinein und sie schmecken uns gut. an ihren füßen knabbern wir am liebsten. deine füße schmecken uns besonders gut. schade, dass du
so allein unterwegs bist. wir hätten gerne mehr gefuttert

der kadaver: verständlich

die fische: wir essen gerne füße

der kadaver: jetzt hänge ich an diesem fels fest. zuletzt ist mir das irgendwo an der griechischen küste passiert. zwischen zwei felsen hab ich da gesteckt

die fische: gesteckt!

der kadaver: gesteckt. konnte mich nicht nach links und rechts bewegen. bis endlich ein sturm kam, der mich aus der enge herausgerissen hat

die fische: herausgerissen!

der kadaver: seitdem treibe ich herum

die fische: und schmeckst sehr gut dabei. lecker

der kadaver: das freut mich für euch

die fische: wenn wir finger hätten, würden wir sie jetzt genüsslich ablecken

der kadaver: wie schade, hättet ihr doch nur finger

die fische: einen nach dem anderen hätten wir abgeleckt
der kadaver: meine finger bringen mir nicht mehr viel
die fische: aber wir können sie essen
der kadaver: ihr seid sehr praktisch veranlagt
die fische: auch deine finger sind sehr lecker
der kadaver: das freut mich für euch. wirklich

(Meer lacht grölend)

SONNE ekelhaft

MEER was denn?

SONNE na, dieses ganze gespräch von wegen lecker und so

MEER ach, jetzt stellst du dich an. lach doch mal

SONNE da kann ich nicht lachen

MEER dann hör auch damit auf mich immer so zu berühren

SONNE ach, wie berühr ich dich denn?

MEER du weißt schon wie

SONNE ne, weiß ich nicht

MEER jetzt stellst du dich an

SONNE ja, aber sag mal, was hab ich nun mit den kadavern zu tun?

MEER na, deine hitze macht alles nur schlimmer

SONNE nicht hitze, sondern wärme

MEER hitze oder wärme oder was auch immer, es kommt von dir und du machst damit alles schlimmer

SONNE na, so was. jetzt bin ich an allem schuld?

MEER ja, genau

SONNE ja, und was ist mit den ganzen fuzzis da an deinen rändern?

MEER welche fuzzis an meinen rändern?

SONNE na, die fuzzis, die da an deinen rändern plantschen

MEER die schwimmer meinst du?

SONNE schwimmer? die touristinnen meine ich

MEER was soll schon mit denen sein?

SONNE hau die doch mal raus. lehr denen das fürchten. du musst dir respekt verschaffen

MEER erstens werde ich schon respektiert

SONNE aha

MEER nichts aha, das ist fakt. und zweitens

SONNE so, so, er wird also respektiert

MEER ja, und zweitens verpasse ich den fuzzis eh immer wieder mal eine ordentliche tsunamiwelle, dank der erdbewegungen

SONNE und dann?

MEER was und dann?

SONNE und dann kommen sie trotzdem immer wieder
MEER ja, also, ja schon. sie kommen immer wieder
SONNE weil sie keinen respekt vor dir haben
MEER doch, die fürchten mich richtig
SONNE oh, ja, ihre furcht ist gigantisch, uuah
MEER ich weiß überhaupt nicht, warum ich noch mit dir rede?
SONNE weil du mich liebst
MEER wunschtraum
SONNE komm, seit millionen von jahren streiten und lieben wir uns
MEER blödsinn
SONNE was denn jetzt blödsinn? millionen jahre schon, ach was, rede ich da, milliarden
MEER nicht die milliarden. das mit dem lieben ist blödsinn
SONNE ach, was, ich kenn dich doch
MEER da irrst du dich
SONNE ja, ja
MEER ich liebe dich nicht
SONNE das ist jetzt der eigentliche blödsinn
MEER das ist die wahrheit
SONNE dummkopf
MEER blöde kuh
SONNE spinner
MEER tussi
SONNE du bist echt ein arsch, jetzt kommst du mir mit diesem machokram?
(lange pause)
MEER tut mir leid
(pause)
MEER tut mir wirklich leid
SONNE ja, ja
MEER wirklich. ich meinte das nicht so.
(pause)
SONNE sag mal ehrlich: was ist nur passiert? früher warst du mal ein gott für diese kleinen pisser
MEER du übrigens auch
SONNE na, mich vergöttern sie immer noch
MEER wie das?
SONNE sie pilgern mir immer hinterher. da, wo ich am stärksten strahle, tummeln sie sich immer zusammen
MEER da wo du am stärksten strahlst, laufen sie weg vor dir, weil du ihnen nur krebs bringst
SONNE du bist doch nur eifersüchtig

Wölleckes Wochen: Warten auf Winkels (I)

(Die Christel betritt die Bühne, sie wird von unten angeleuchtet, Rauch steigt aus ihren Haaren, in der Ferne bellt ein Hund, vielleicht ist es Ray. Der Narr sitzt auf einer Trockenhaube und baumelt mit den Beinen.)

Die Christel, weinerlich: Sie nennen mich Hundefriseuse.
Der Narr: Brenne, brenne!

(Wöllecke betritt den Raum. Er trägt einen Dynamo-Dresden-Anglerhut und zieht einen Bollerwagen mit einem 50-Liter-Budweiser-Fass hinter sich her. Über den Wagen sind die Metamorphosenherausgeber geworfen, sie kuscheln sich an das Fass und schnarchen laut.)

Wöllecke: Olé, olé, olé!
Die Christel, energisch: Sie … nennen … mich … Hundefriseuse.
Wöllecke: Und bist du etwa keine?

(Ein Schuss fällt. Ein Schutzmann eilt herbei.)

Schutzmann: Winkels. Es ist Winkels! Er hat sich …

(Glenn stürmt auf die Bühne und fällt auf die Knie.)

Glenn, Goldmünzen ins Publikum schleudernd: ONKEL!
Wöllecke: Ihr wart verwandt?
Glenn: Ja!
Wöllecke: Das wusste ich nicht. (Er nimmt ein dickwandiges Henkelglas von seinem Gürtel und schenkt Glenn ein Bier ein.) Auf deinen Onkel!
Glenn: Danke! (Er trinkt hastig.)
Die Christel, brüchig: Er ... nannte mich Hundefriseuse.
Der Narr: Und herrscht nicht Corona. Und beherrscht uns nicht Corona?

(Zu hämmernden Beats fallen Stoff- und Einwegmasken aus dem Off des Bühnenhimmels.)

Wöllecke: Trinken wir!
Die Herausgeber, emporfedernd: Jawoll!

(Sie trinken, dann fallen sie wieder auf ihr Fass. Wöllecke setzt sich, er lehnt sich an den Wagen. Der Wagen rollt weg, Wöllecke kippt nach hinten. Mehrere Männer stürmen herein.)

Die Männerschar: Was soll das hier? War das nicht einst eine ehrbare Kolumne?
Wöllecke, lallend: Ehre, wem Ehre gebührt! Christelchen, dir gebührt die Ehre, in mein Leben getreten zu sein!
Die Christel: Was weiß schon eine Hundefriseuse!
Glenn, tränenerstickt: Onkel!
Die Christel: Und doch! Ich mache weiter.
Wöllecke: Ich auch. Prost!
Schutzmann: Weitergehen, Leute.

(Die Christel verschwindet, nur ein Hauch von Rauch liegt noch in der Luft. Die Menge zerstreut sich. Winkels durchfliegt mit weißem Gesicht in einem weißen Nachthemd das Bühnenbild. Der Narr baumelt mit den Beinen, Wöllecke kauert sich auf der Bühne zusammen, er hält sein Henkelglas fest umklammert. Der Schutzmann stößt ihn einmal an, schimpft dann vor sich hin und verschwindet. Man hört nur noch das Schnarchen der Herausgeber. Der Narr baumelt flüsternd mit den Beinen, dann wird es auf der Bühne dunkel.)

METAMORPHOSEN.
Magazin für Literatur und Kultur
Herausgegeben von
Moritz Müller-Schwefe und Michael Watzka

19. Jahrgang, Nummer 59, Neue Folge 29
(Februar – Mai 2021)
ISBN 978-3-95732-484-9

Gastherausgeberin
Sonja Szillinsky

Redaktion
Luise Behr, Philipp Böhm, Benjamin Fiechter, Oliver Heidkamp,
Sannah Jahncke, Moritz Müller-Schwefe (ViSdP),
Luzia Niedermeier, Lukas Valtin, Michael Watzka

Gestaltung
Sarah Käsmayr, nach einer Idee von
Lena Hegger und Luisa Preiss

Druck
Gallery Print

Namentlich gekennzeichnete Beiträge geben nicht unbedingt
die Meinung der (unabhängigen) Redaktion wieder.

Redaktion und Anzeigen
METAMORPHOSEN,
Moritz Müller-Schwefe und Michael Watzka GbR
c/o Moritz Müller-Schwefe
Pücklerstraße 29, 10997 Berlin
redaktion@metamorphosen-magazin.de

Verlag und Vertrieb
Verbrecher Verlag
Gneisenaustraße 2a, 10961 Berlin
redaktion@metamorphosen-magazin.de
Zur Zeit gilt Anzeigenpreisliste Nr. 3
vom 1. Januar 2018.

Erscheint dreimal jährlich
Einzelpreis 7,50 € zzgl. 1 € Porto
Jahresabonnement (4 Ausgaben, Deutschland, inkl. Porto) 30 €
Jahresabonnement (4 Ausgaben, Welt, inkl. Porto) ca. 50 €
Förderabonnement (4 Ausgaben, Deutschland, inkl. Porto) 50 €

METAMORPHOSEN im Internet
magazin-metamorphosen.de
facebook.de/metamorphosen-online
twitter: @meta_morphosen

Feedback erwünscht:
redaktion@metamorphosen-magazin.de